ULLSTEIN

## Das Buch

In diesem neuen Band ihrer überaus beliebten Landhebammen-Geschichten erzählt Rosalie Linner von weiteren wahren Begebenheiten aus ihrem langen Berufsleben: von schweren und doch glücklich überstandenen Geburten, von Ärgernissen mit dem Jugendamt, von Kriegsgeburten im Munitionsbunker, von Kindern aus Seitensprüngen und entsprechenden Ehekrisen, die dennoch gemeistert werden, von abergläubischen Eltern und vielem mehr.

## Die Autorin

Rosalie Linner wurde 1918 in Tittling im Kreis Passau geboren. Nach einer Ausbildung in Haushaltsführung und Krankenpflege besuchte sie nach dem Krieg die Hebammenschule in Würzburg. Nach fast 40-jähriger Tätigkeit als Landhebamme setzte sie sich 1980 zur Ruhe.

In unserem Hause sind von Rosalie Linner bereits erschienen:

*Als Landhebamme unterwegs*
*Mein Leben als Landhebamme*
*Tagebuch einer Landhebamme*

Rosalie Linner

# Erlebnisse einer Landhebamme

Ullstein

Besuchen Sie uns im Internet:
www.ullstein-taschenbuch.de

*Umwelthinweis:*
Dieses Buch wurde auf chlor- und säurefreiem Papier gedruckt.

Ullstein Verlag
Ullstein ist ein Verlag der Ullstein Buchverlage GmbH.
1. Auflage März 2004

Umschlaggestaltung: Thomas Jarzina, Köln
Titelabbildung: photonica, Hamburg
Gesetzt aus der Sabon und der AdHoc
bei Filmsatz Schröter GmbH, München
Druck und Bindearbeiten: Ebner & Spiegel, Ulm
Printed in Germany
ISBN 3-548-36485-3

# *Inhalt*

## *Die zweite Frau aus Holzbrunn*

Es war ein warmer Frühsommertag, als ich von der Geburt des achten Kindes auf dem Maierhof nach Hause zurückkehren wollte. Doch dazu sollte es nicht kommen. Mein Weg führte mich über holprige Wiesen und Feldwege vorbei an dem großen Wegkreuz, unter dem schon die ersten roten Rosen erblühten, die hier angepflanzt und gepflegt wurden.

Noch einmal gingen meine Gedanken zur Maierhofbäuerin zurück. Ich hörte die alte Mutter noch deutlich und verärgert sagen, als sie an das Bett der Schwiegertochter trat: »Eigentlich hätt dein Mann, der Hans, an des Bett hergehört und net ich, aber der hat wieder einmal keine Zeit gehabt, weil er den Rehböcken nachlaufen muss. Da hört der Spaß aber auf. In diesen Stunden hätt er ins Haus gehört, so wie es Brauch ist.« Wortlos, mit einem leichten Kopfnicken, bestätigte zwar die Maierhoferin die Anklage ihrer Schwiegermutter, fügte aber gleich hinzu: »Lass ihn, Mutter, du weißt doch, dass die Jagd sein Leben ist.«

Da lag ein geschundener Körper, dem anzusehen war, dass dieses Kind die Kräfte der Mutter erheblich reduziert hatte. Außer Arbeit kannte diese Frau keine besonderen Höhepunkte oder Freuden.

Der Maierhofer, ein harter Mann, dem gute Worte unbekannt zu sein schienen und der von seiner Bäuerin keinen Widerspruch zu erwarten hatte, konnte oder wollte nicht verstehen, dass auch sie ein wenig Verständnis, ein wenig Zuwendung für ihre Seele brauchte.

Drüben auf der Anhöhe lag Holzbrunn, ein stolzes Gehöft, das von Wald umgeben war und sich in seiner Einsamkeit majestätisch präsentierte. Etwas tiefer gelegen wurde auf einer Waldwiese das Brünnl sichtbar, über das eine kleine Kapelle mit einem winzigen Zwiebelturm erbaut worden war, um dieses Wasser, dem heilsame Wirkung zugesprochen wurde, zu schützen. Vor mehr als dreihundert Jahren, so glaubte man zu wissen, entstand diese Quelle auf dem Grund der Holzbrunner, und der Hof hatte so seinen Namen bekommen. Dessen Besitzer hüteten und schützten dieses kleine Heiligtum und hielten es in Ehren.

Ich verlangsamte meine Fahrt, um dieses Bild der Ruhe und Stille in mich aufnehmen zu können. In einiger Entfernung glaubte ich eine Frau zu erkennen, die, wie es schien, auf dem großen Acker mit Rübenhacken beschäftigt war. Beim Näherkommen erkannte ich die Holzbrunnerbäuerin, die in gebückter Haltung das Feld bearbeitete ohne aufzusehen, ohne größere Eile. In stetem Rhythmus ging die Hacke auf und ab, gleichmäßig, sicher und geübt.

Ich sah, wie die Bäuerin plötzlich ruckartig stehen blieb und mit beiden Händen den Hackenstiel fest umfasste, bald das eine Bein dann das andere hob und schließlich offenbar vor Schmerz zu Boden ging. Nach wenigen Sekunden hackten diese fleißigen Hände – lediglich etwas langsamer – wieder das riesige Feld. Noch einmal beobachtete ich diesen Vorgang, der mir höchst seltsam erschien. Ein schmerzender Rücken, ausgelöst durch die ständig gebückte Haltung bei der Arbeit, hätte andere Reaktionen ausgelöst, überlegte ich. Da kam mir ein Verdacht. Ich wollte mir Gewissheit verschaffen und ging quer über das Feld auf die arbeitende Bäuerin zu. Noch hatte ich die Holzbrunnerin nicht ganz erreicht, als sie erneut innehielt und offensichtlich mit starken Schmerzen zu kämpfen hatte.

Meine Ahnung bestätigte sich. Diese Frau stand kurz vor der Geburt ihres Kindes auf einem Rübenacker, in dessen Furchen sich bereits das abgeflossene Fruchtwasser sammelte. Es war höchste Zeit, auf den Hof zu kommen, der ein gutes Stück entfernt lag. Wie ich hoffte, war das mit viel Glück noch möglich. Und der kleine Erdenbürger hatte ein Einsehen mit seiner geplagten Mutter. Auf dem Kanapee der Stube wurde er schnell und komplikationslos geboren.

»Vergelt's Gott«, hörte ich die junge Mutter ausrufen, »dich hat der Schutzengel geschickt.« In der Stubentür stand plötzlich Lene, die alte Hauserin, die für das Wohl der Familie sorgte, seit die erste Holzbrunnerin plötzlich verstorben war und vier kleine Kinder zurückgelassen hatte. »Ich hab's ja gleich gesagt«, meldete sich die Lene zu Wort, »Rübenhacken in diesem Zustand.« Und nach einer kurzen Weile des Nachdenkens fuhr sie fort: »Aber der Bauer, der Büffel, hat ja kein Verständnis und kein Mitleid für seine Bäuerin. Naus, naus auf den Rübenacker, hat's allerweil geheißen. Ich hab's ihm aber gesagt: Soll's deinem zweiten Weib auch so ergehn, wie deinem ersten, die sich zu Tode geschunden hat? Dir soll's noch einmal schlecht gehn, dir Leutschinder, hab ich gesagt.« Eine resolute alte Frau, die ihr Herz auf der Zunge trug und das aussprach, was es zu sagen gab. Frisch gebadet und versorgt legte ich der jungen Mutter ihr Kind in den Arm, eine Aufgabe, die mir immer eine besondere Freude machte, wenn ich die glänzenden Augen und das Lächeln der Mutter sah, für die ein neuer Lebensabschnitt begonnen hatte, der gleichermaßen Freude und Verantwortung mit sich brachte.

Doch hier auf dem Holzbrunnerhof schien es andere Werte zu geben. Das Gesicht dieser Mutter zeigte kein Lächeln, keine Reaktion der Freude. Mit gerunzelter Stirn schaute sie auf dieses kleine Wesen und wusste nicht, was sie damit anfangen, wie sie sich verhalten sollte. Als spürte dieses Kind die Abwehr, das Nichtangenommenwerden, die Lieblosigkeit der ganzen Umgebung, fing es zu weinen an und wurde erst wieder still, als ich es in das angewärmte Bettchen legte und ihm beruhigende Worte zuflüsterte.

»Wie soll der Bub denn heißen?«, fragte ich, um etwas zu sagen. Denn die Mutter beobachtete nur meine Handgriffe und hüllte sich sonst in Schweigen. »Ich weiß es net«, antwortete sie. »Is mir auch gleich.«

»Das hört sich aber gar nicht gut an«, meinte ich. Sie zuckte die Schultern und schwieg wieder. Nur Lene war redselig, als sie mir zu verstehen gab: »Ich hab gemeint, jetzt wird's für mich leichter, weil die neue Bäuerin kommt, die sich wenigstens um die Kinder kümmert, aber nein, mir bleibt wieder die ganze Arbeit, weil die Bäuerin, die eigentlich ins Haus gehört, aufs Feld und in den Stall verwiesen wird. Ist des net a Kreuz?« Welche Arbeitseinteilung ist das hier auf Holzbrunn, überlegte ich. Während ich auf diese Frage eine Antwort suchte, begann die Lene erneut zu sprechen. »Die erste Bäuerin, mei, des war ein armes Luder. Die zehn Jahr, die sie mit diesem Geizhals und Notnickel verheiratet war, hat's net ein Stück Gwand kriegt. Des Knödelbrot hat er ihr in die Tischschublade eingesperrt, und Eier und Schmalz hat er kontrolliert, als wär die Bäuerin eine Fremde.«

Wie es schien, hatte Lene das Bedürfnis, sich von der Seele zu reden, was sie all die Jahre erlebt hatte. Als Mitterdirn ist sie bei dem alten Holzbrunner auf den Hof gekommen, hat Arbeit und Sorgen mitgetragen, ehrlich und rechtschaffen, und nach dem Ableben der alten und dem Tod der jungen Bäuerin versorgte sie die Kinder und das Hauswesen nach besten Kräften. Eine gute, treue Seele, die den Sinn ihres Lebens im Fortbestand des Hofes und Wohlergehen der vier Halbwaisen sah.

Als der Holzbrunner nach dem Tod seiner Bäuerin auch der Lene ihre Rechte als Hauserin beschneiden wollte und das Knödelbrot in der Schublade verschloss, begehrte sie auf. »Bauer, hab ich gesagt, wenn du mit mir das Gleiche machen willst wie mit der Anne, deiner verstorbenen Bäuerin, Gott hab sie selig, dann täuschst du dich. Ich möcht Zugang zum Knödelbrot haben, wann und wie es mir passt. Und kontrolliern lass ich mich da herin auch net, weil ich länger auf dem Hof bin als du. Aufgesperrt wird die Schublade, und zwar gleich, und dabei bleibt's.« Bei so massivem Widerstand konnte der Holzbrunnerbauer nicht anders, als sich dem festen Willen der Lene zu beugen. Es blieb ihm in Anbetracht der Lage keine andere Wahl.

Das Trauerjahr ging vorüber, in dem sich Lene als Hauserin bestens bewährt hatte. Aber ein Hof ohne Bäuerin, da stehen die Karten schlecht für die Wirtschaft, für die Familie und vor allem für die Kinder, die mütterlichen Schutz und Zuwendung brauchen. Aber auch ein Bauer ist ohne seine Bäuerin, wie Lene zu sagen pflegte, ein armer Hund. Er fand in Juliane Kronberger die Frau, die er als Bäuerin auf Holzbrunn holte. Wieder war es keine Liebesheirat, sondern eine zweckmäßige, notwendig gewordene Verbindung, auf Treu und Glauben ausgerichtet, die aber durchaus gut gehen konnte. Nun war also eine neue Bäuerin auf Holzbrunn eingezogen, die weder zu den Kindern ihrer Vorgängerin eine rechte Beziehung aufbauen konnte noch ihrem eigenen Kind mütterliche Liebe entgegenbrachte.

Hatte in diesen Menschen die Einsamkeit in diesem abgeschiedenen Winkel ihre ursprüngliche Art so verändert, dass sie nur Härte und Arbeit kannten? Meine Überlegungen galten vor allem den Kindern, die keine mütterliche Wärme erfahren durften. Die alte Lene war mit ihrer Arbeit als Hauserin zu sehr überfordert, als dass sie den Kindern außer der nötigsten Pflege des Äußeren auch noch innere Werte hätte vermitteln können.

Die beiden Zwillingsmädchen, die eben von der Schule kamen, betrachteten aus einiger Entfernung still und ängstlich ihr neues Geschwisterchen. Der große Matthias nahm überhaupt keine Notiz von dem Neuzugang. Er flüchtete in den Stall zu seinem Freund Flips, dem Pony, mit dem er immer Zwiesprache hielt, er glaubte, dass es ihn verstand, wenn es ihn mit seinen großen treuen Augen ansah. Der dreijährige Peppi war in der Küche untergebracht, in einem unförmigen Laufstall, der wenig Bewegungsfreiheit bot. Das etwa ein Quadratmeter kleine Gefängnis war seine Welt, die ihn weder körperlich noch geistig gedeihen ließ. Ein für sein Alter weit unterentwickeltes Kind, das nicht laufen und nur wenig sprechen konnte, sah mich mit großen Augen erstaunt an, sobald ich in die Küche kam, um notwendige Dinge zu holen. »Sonst schreit er immer, wenn Fremde kommen«, meldete sich Lene etwas überrascht. Bei näherer Betrachtung sah ich, dass der Körper dieses Kindes weder richtig gewaschen, noch sonstwie gepflegt wurde. Speisereste um den Mund und an den Händen, ebenso der Schorf am Kopf des Kindes, der als dicker gelber Belag die Haare fast völlig verdeckte, zeugten von Verwahrlosung. Ein armes Kind, das in der muffigen Küche, die wenig Sonne und Licht hereinließ, eingeengt in seinem kleinen Wohnbereich, ohne Liebe und Zuwendung heranwachsen sollte. Eine sehr traurige Erfahrung für mich.

Die junge Mutter, immer noch still und schweigsam, hing ihren eigenen Gedanken nach. Es war schwer zu sagen, was in ihrem Innern vorging. Drückende Sorgen schienen ihr auf diesem Hof das Leben schwer zu machen, zu denen sie sich nicht äußern konnte oder wollte. Eine Situation, für die es keine Hilfe gab. Auf meine Frage an die junge Bäuerin, wann sie den kleinen Peppi zuletzt gebadet hätte, antwortete sie: »Des macht die Lene immer, von mir lässt sich der Bub net anfassen und baden schon gar net.« Eine längere Pause folgte nach dieser Antwort, in der ich mir meine Gedanken machte. »Aber dein Kind wirst du doch selber versorgen. Das ist vorrangig, alles andere kommt danach. Die Pflege deines Kindes wirst du doch nicht anderen Menschen überlassen wollen.« Still hörte sie zu, keine Regung ließ ihre Gedanken erkennen. »Du sollst auch die andern Kinder, die nun zu dir gehören, in deine Fürsorge miteinschließen«, ermahnte ich die junge Mutter. »Wirst sehen, wie viel Freude dies in dein Leben bringt.«

»Freud sagst du?«, antwortete sie. »Die kenn ich schon lang nimmer, denn da herin gibt's keine Freud net. Ich bin bloß die Magd, die hin- und hergeschoben wird. ›Schnell, schnell, bist noch net fertig‹, heißt es immer. Ich hab keine Minute für mich selbst und reden kann ich auch mit niemand. Ist das ein Leben, frag ich dich?«

Nein, das war kein gutes Dasein unter solchen Bedingungen, wenn auch der Besitzer wohlhabend sein mochte, er seine Menschen ernährte und ihnen ein Dach über dem Kopf gab. Während ich über die Worte der Holzbrunnerbäuerin nachdachte, kam der Bauer zur Tür herein. Missmutig sein Gesicht, schwer seine Schritte, als er am Kleiderhaken seine Jacke aufhängte. »Bist mit dem Rübenhacken nimmer fertig worden«, waren seine ersten Worte. Eine Frage, eine Feststellung? Das war schwer zu sagen. Mit zusammengekniffenen Lippen schwieg die junge Mutter. Eine Antwort wäre sowieso sinnlos gewesen.

Da kam Lene, die die ›Begrüßung‹ gehört hatte, über die Schwelle, und mit Zorn in ihrer Stimme stellte sie den Holzbrunner zur Rede. »Eine saubere Begrüßung ist des. Ist des alles, was du zu sagen hast? Und deine Bäuerin und dein Kind sind dir wurscht? Bloß deine Rüben sind dir wichtig, du Geiznickel. Aber über dich kommt auch noch die gerechte Strafe, und bald wird sie kommen.« Dabei bekreuzigte sich die Lene mit den Worten: »Dann steh Gott uns allen bei.« Eine lange Stille folgte diesen Worten. Es war fast unheimlich. Hatte diese Frau eine Vision, das Wissen, dass etwas geschehen würde, das man als Strafe zu verstehen hätte?

Auf dem Heimweg kreisten meine Gedanken um die gedemütigte junge Bäuerin und ihr Kind und um die selbstsichere alte Frau, die mit ihrer couragierten Aussage den stolzen, mächtigen Holzbrunnerbauern zurechtwies. Sie, die es als Einzige wagen durfte, ihm die Stirn zu bieten. Mit ihrer Zurechtweisung zeigte die Lene aber auch viel Nächstenliebe und Herzensgüte. Sie besaß eine Menschenkenntnis, die nur jenen eigen zu sein scheint, die in der Abgeschiedenheit, in der Einsamkeit leben und eins mit der Natur sind. Sie wissen offenbar vieles, wovon die Menschen, die in

Hektik, Eile und Überforderung leben, keine Ahnung haben.

Drei Wochenbetttage gingen ohne Schwierigkeiten zu Ende. Doch der vierte Tag brachte etwas völlig Unerwartetes und mir eine ernste Auseinandersetzung mit dem Holzbrunnerbauern. Ich war mehr als erstaunt, als ich die Wöchnerin weder im Bett noch im Haus vorfand. Auch Lene wusste auf meine Frage keine Antwort. »Der Bauer wird sie doch net zum Rübenhacken geschickt haben?«, murmelte sie ahnungsvoll. Es war völlig unverständlich. Heute, an diesem kühlen, regnerischen Tag, stand die junge Mutter barfuß in Holzpantoffeln auf dem Rübenacker, um nachzuholen, was sie mit der Geburt ihres Kindes an Arbeit versäumt hatte. Ich sah, wie Lene rufend und mit schnellen Schritten auf den Rübenacker zuging und nach kurzem Gerangel mit der Bäuerin die Hacke an sich nahm. Schimpfend und gestikulierend führte sie, die Hacke über der Schulter, ihre Bäuerin zurück auf den Hof.

Schwer ließ die sich völlig erschöpft auf einen Stuhl fallen, während die Hauserin zu schimpfen begann auf den Holzbrunnerbauern, den Leuteschinder, der der Bäuerin nicht einmal das Wochenbett vergönnte vor lauter Geiz und Boshaftigkeit. »Ich hab's aber gleich gesagt, der schreckt vor nix zurück und schickt sei Frau als Wöchnerin auf den Rübenacker. Eine Schand ist des.«

Die kleine Elisabeth, das Zwillingsmädchen, stand plötzlich vor der Tür, und es war das erste Mal, dass Juliane mit ›Mama‹ angesprochen wurde. Überrascht über diese ungewohnt liebevolle

Anrede nahm sie das Kind an sich, streichelte ihr über Haar und Wangen, und man konnte sehen, wie beide das Glück dieses Augenblicks genossen.

Mit dem Holzbrunnerbauern hatte ich eine ernste Auseinandersetzung, die dieser herrische Mann zwar schwer verkraftet, die ihn aber immerhin zum Nachdenken gebracht hatte. Die weiteren Wochenbetttage verliefen reibungslos. Auf dem Rübenacker sah man die Holzbrunnerbäuerin vorerst nicht mehr.

Nach den zehn Tagen verabschiedete ich mich von den Menschen auf Holzbrunn, aber nicht, ohne der jungen Mutter eindringlich zu raten: »Lass dich nicht unterkriegen, schau auf dich und deine Gesundheit, denn du trägst Verantwortung nicht nur für dein Kind, sondern auch für die Kinder deiner Vorgängerin, die zur Pflege auch Liebe in ganz besonderem Maße brauchen. Vergiss das nicht.« Die Holzbrunnerin nickte nur. Ihre Gedanken gab sie nicht preis. Ich aber war mir sicher, dass die Weichen für mehr Selbstbewusstsein in ihr gestellt waren.

Sommer und Winter wechselten im Kreis der Jahreszeiten. Nach einigen Jahren wurde ich noch einmal nach Holzbrunn gerufen, um einem späten Kind zum Leben zu verhelfen. Ein schneereicher Winter war das Jahr 1960/1961. Man schrieb den 2. Februar, ein wichtiges Datum im bäuerlichen Leben.

Der Schneesturm hatte mir erheblich zugesetzt, als ich Holzbrunn erreichte. Der Rübenacker von damals lag tief verschneit. Menschenleer waren Flur und Felder. Nur das Plätschern des Brünnls glaubte man zu hören, dessen kleiner Zwiebelturm mit seiner weißen Mütze aus dem tiefen Schnee ragte.

Holzbrunn stand wie eine Festung im winterlichen Kleid, und die zugeschneiten Wiesen und Felder betonten Einsamkeit und Stille noch mehr. Weit und großflächig zeigte sich der Innenhof, als ich durch die Einfahrt fuhr. Es hatte sich nichts verändert, seit ich Holzbrunn vor Jahren kennen gelernt hatte, so glaubte ich. Doch als ich die Stube betrat, wusste ich, dass hier alles anders geworden war.

Ein schwer angeschlagener Holzbrunnerbauer saß in der Nähe des Ofens in einem tiefen Sessel. Durch einen vor Monaten erlittenen Schlaganfall war er hilflos geworden, hatte die Sprache verloren, sein Gedächtnis war eingeschränkt und eine Lähmung machte ihn vollkommen hilflos. Mit einem leichten Kopfnicken deutete er seinen Dank für meinen Gruß an, um sich dann wieder in die umnachtete Welt zu begeben, die ihn umfangen hatte. Dieser herrische, dominante Mann, dessen Befehle absolute Gültigkeit hatten, war ein Wrack geworden. In sich zusammengesunken, auf die Hilfe anderer angewiesen, war er nicht nur nutzlos, vielmehr eine Plage für die Familie geworden. Bei seinem Anblick war ich tief erschüttert.

Da kam Lene zur Tür herein. Durch die Last der Jahre war sie noch gebückter und kleiner geworden, doch zwei helle Augen verrieten den wachen Geist, den sie Zeit ihres Lebens nie verloren hatte.

Ein gesundes Mädchen meldete sich an diesem Lichtmesstag auf Holzbrunn zum Leben. Dieses

Mal nahm die Mutter ihr Kind lächelnd und mit glänzenden Augen in ihre Arme. Man spürte, dass in dieser Bauersfrau Kräfte freigesetzt wurden, die durch die schwere Krankheit ihres Mannes zu wachsen begannen, sie zur tragenden Säule des Betriebes machten. Sie würde ihren gesunden Menschenverstand und ihren wachen Geist einsetzen, um ihrer Aufgabe gerecht zu werden. Durch ihre tüchtigen Hände würde sie das Erbe ihres nunmehr kranken Mannes am Leben erhalten.

# *Die Walpersederin*

Breit und behäbig stand der Vierseithof der Winklers inmitten seiner Wiesen und Felder. Ein uraltes, aber gepflegtes Gehöft, das Eindruck machte. Beim Betreten begegnete man liebenswerten, freundlichen Menschen mit offenem Blick. Das achte Kind sollte heute dort geboren werden.

Resi, die Schwester des Bauern, hatte schon die dreißig überschritten, war ein wenig überstandig, wie die Leute zu sagen pflegten, um damit zum Ausdruck zu bringen, dass ihre Heiratschancen deutlich geringer geworden waren. Resi öffnete mir die Tür. Sie war die Seele des Anwesens und überall tätig: in Haus, Hof und Stall.

Heute war es wieder so weit, dass sie in ganz besonderer Weise gebraucht wurde. Das Wochenbett der Bäuerin erforderte ihre Hilfe, ihren Einsatz. Mit erhitztem Gesicht, mit Schweiß auf der Stirn, sah sie mir entgegen, stand doch die Geburt eines Kindes bevor, ein Ereignis, dem sie immer mit etwas gemischten Gefühlen und einiger Erregung entgegensah. Nicht die Mutter war es, die Angst vor diesen Stunden hatte, es war Resi, die kopflos von einer Tür zur andern lief, Gegenstände zurechtrückte und auch dem Weihwasser viel Aufmerksamkeit schenkte.

Mir ging sie so weit als möglich aus dem Weg. Meine Nähe schätzte sie nicht. Resi litt in diesen

Stunden weit mehr als die werdende Mutter, deren Geburten immer reibungslos verlaufen waren. Auf meine Frage, wie sich Resi ihre weitere Zukunft vorstelle, meinte sie: »Ja mei, wennst schon die dreißig auf dem Buckel hast, da kriegst keinen Mann nimmer so leicht, und ein Kloster mag einen auch net. Die wolln lieber junge Leut.« So blieben der Resi nur die Arbeit, die Sorge um den Hof und als Ausgleich der sonntägliche Gottesdienst, an dem sie als überaus gläubige Christin mit ganz besonderer Hingabe teilnahm.

Doch dann geschah doch noch das Wunder. Resi wurde Bäuerin eines schönen Hofes, und damit hatten sich ihre Wünsche und Träume in reichem Maße erfüllt. Ihre Arbeit und Sorge galten nun der eigenen Familie. Resi war glücklich über diese Wendung des Schicksals. Sie nahm es dankbar und mit Freude an. »Wer hätt jetzt des denkt, dass der Walperseder, des schneidige Mannsbild, der einen Haufen Grund und Boden hat, die überstandige Resi heirat«, sinnierte die Karrer Vroni, als wir uns trafen. »Er hätt auch eine Junge als Bäuerin gekriegt bei dem Besitz, wo doch die Alten nimmer leben, denen man ein Leibgeding auszahlen müsste, und wo der Hof so gut beieinand ist.« Die Vroni begriff in diesem Augenblick nicht, dass das Schicksal manchmal eigene Wege geht.

Es war Herbst geworden. Kalte Winde wehten schon von Norden, und statt der Sonne kamen weiße Nebel, die die Lebensfreude der Menschen dämpften. Die Natur war zur herbstlichen Ruhe bereit. An einem dieser trüben Sonntage erwartete

Resi, die Walpersederin, ihr erstes Kind. »Es ist aber noch net so weit, weil ich net so viel spür«, eröffnete mir die werdende Mutter, »hättest leicht noch daheimbleiben können, weil ich zuvor noch in die Kirch gehn möcht.« Meinen Einwand, dass in Anbetracht der Sachlage dies kein guter Gedanke wäre, lehnte sie mit der Begründung ab: »Heut ist doch Sonntag, und ich bin noch jeden Sonntag, mein ganzes Leben lang, in die Kirch gangen.« »Aber heut liegen die Dinge anders«, meinte ich, »ich kann dir von deinem Vorhaben nur abraten.« Doch Resi war nicht zu überzeugen und erinnerte sich schließlich: »Ja, weißt du, mei Mutter hat allerweil gesagt, wenn du meinst, dass du stirbst, dann is so weit. Aber so weit bin ich noch net, weil ich gar nix spür, und drum hab ich noch lang Zeit zum Kirchgehn.« Mein gut gemeinter Rat blieb also unbeachtet, wenngleich sich auch ihr Ehemann meiner Meinung angeschlossen hatte. Resi war nicht zu bremsen; sie tat, was sie meinte, ihrem Glauben schuldig zu sein. Jak, der langjährige Knecht auf dem Walpersederhof schüttelte seinen schon etwas ergrauten Kopf und rief seiner Bäuerin nach: »Bäuerin bleib da, ich fahr dich mit Ross und Wagl in die Kirch!« Doch sie hörte den Zuruf nicht mehr und so nahm das Schicksal seinen Lauf. Ich hatte nun ein wenig Zeit, die Geburtsvorbereitungen zu treffen, mich umzusehen, um später möglichst wenig fragen zu müssen. Die in der Kirche betende Resi ließ mir dabei aber keine Ruhe. Was wäre wenn …? Tausend Gedanken gingen mir durch den Kopf. Ob es nicht doch besser wäre, nach ihr zu sehen? Der Gottesdienst müsste doch beendet sein, und den zwanzigminütigen Weg mit eingerechnet hätte sie eigentlich längst zu Hause sein müssen. Mir gefiel diese übertriebene Frömmigkeit nicht so recht, und ich sprach den Walpersеder an. Ob es nicht doch besser wäre, nach der Resi zu sehen und sie zurückzuholen. »Lass ihr den Willen. Sie ist alt genug, und ein erwachsener Mensch muss selber wissen, was er zu tun hat.« Ich wunderte mich über die konsequente Haltung dieses Ehemannes, die wohl richtig, aber doch hart war. Zu dem sonst so guten Miteinander der beiden wollte sie nicht so recht passen.

Immer wieder musste ich mich im Laufe meines Berufslebens belehren lassen, dass in bäuerlichen Kreisen oft andere Werte galten, dass Menschen, die so eng mit der Natur verbunden waren, eine andere Mentalität besaßen, welche aber Liebe und Zuneigung überhaupt nicht ausschloss.

Unruhig blickte ich immer wieder den Weg hinauf zur Kirche, die man durch den Nebel nur schemenhaft sehen konnte. Und plötzlich sah ich eine Gestalt. Wie ich undeutlich erkennen konnte, war sie weiß gekleidet und kam im Laufschritt den Berg herab. Jetzt erst bemerkte ich, dass es ein Ministrant in seinem Chorrock war, der es so eilig hatte. Plötzlich überkam mich der schreckliche Gedanke, er wird doch nicht zu uns auf den Hof kommen …, mit einer Botschaft, und welcher, nein, er wird den Weg ins Dorf nehmen, dies war mein einziger Wunsch. Angespannt verfolgte ich seinen Weg und hoffte nichts mehr, als dass er an der Wegkreuzung nach links abbiegen möge. Mir lief es kalt über den Rücken, als ich sah, dass er sich nicht nach links, sondern nach rechts wandte, abbog und auf den Hof zukam. Ich ahnte Schlimmes. Schnaufend und mit wirrem Haar erledigte Loisl seinen Auftrag: »Sollst gleich in die Kirch naufkommen, die Walpersederin kann nimmer aufstehn, hat der Mesner gesagt. Aber gleich sollst kommen, nimmer zu lang warten.«

»Sagst dem Mesner, ich komm sofort und die Walpersederin soll sitzen bleiben und nicht aufstehn«, ließ ich den Ministranten ausrichten, der mit fliegendem Rock und einem »Is schon recht« wieder der Kirche zustrebte.

Vinzenz, der arme Mesner, wusste nicht, wie ihm geschah, als er die einsame Beterin gefragt hatte, was ihr fehle, weil sie ganz allein noch in ihrem Betstuhl saß. »Hol mir die Hebamm, aber schnell, die is eh schon aufm Hof«, hatte Resi den Vinzenz angewiesen.

»Du lieber Himmel«, rief der aus, als er mich sah, »jetzt möcht die in der Kirch herin a Kind kriegen. Des war doch noch nie da, da drehn sich alle Heiligen um, des is ja direkt, was soll i sagen … ein Sakrileg.« Dabei warf er einen viel sagenden Blick auf die Pfütze am Boden des Betstuhles. Der Blasensprung war nicht mehr rückgängig zu machen. Mit Schweiß auf der Stirne und mit einem »Vergelt's Gott, dass du da bist« strebte er schnellen Schrittes der Sakristei zu. »Naa«, sagte er später zu mir, »so was möcht i nimmer erleben, die heilige Weihe der Kirche ist durch diesen Vorfall direkt ramponiert.« Vinzenz verstand die Welt nicht mehr, als der Herr Pfarrer später der Geschichte keine allzu große Beachtung schenkte.

Schmunzelnd meinte er: »Was es net alles gibt«, ein Satz, den der Hochwürdige Herr häufig gebrauchte.

Die Walpersederin, durch diese unvorhergesehene Entwicklung völlig geschockt, war zu keinem Gespräch mehr fähig. Sie dachte vor allem an die Vorwürfe ihres Mannes, die ihr mit Sicherheit nicht erspart bleiben würden, hatte er sie doch wohlweislich von diesem Kirchgang abhalten wollen. »Was wird jetzt der Franz sagen?«, war ihre große Sorge. »Und du wirst dir auch das Deinige denken.«

»Über Dinge, die nicht mehr rückgängig zu machen sind, soll man sich nicht den Kopf zerbrechen«, antwortete ich. »Es is ja so weiter nix passiert, vergessen wir, was gewesen ist.«

»Des vergess ich mein Lebtag net«, antwortete Resi beschämt. Doch von Franz, ihrem Ehemann, kamen keine Vorwürfe. »Wozu lang debattieren«, meinte er, »wenn eh nix passiert is.« Und somit war die Sache weitgehend gut verlaufen.

Als nach wenigen Stunden ein kleines Mädchen mit einem kräftigen Schrei zur Freude aller sein Dasein meldete, war der problematische Kirchgang, der nach Ansicht des Mesners eine nochmalige Weihe der Kirche erfordert hätte, vergessen. »Macht's dir nix aus, Franz, dass es bloß a Dirndl is?«, hörte ich Resi fast entschuldigend ihren Mann fragen. »Aber geh«, antwortete der, »a gesundes Dirndl, was wolln wir denn mehr, ich freu mich, dass es da is.« Dabei strich er seiner Bäuerin über Haar und Wangen, eine Geste, die es wert ist, erwähnt zu werden, denn sie war in bäuerlichen

Kreisen eine Seltenheit, besonders im Beisein Fremder. Jak, der heute am Sonntag seine Pfeife in der Stube rauchte und von der Geburt des kleinen Mädchens hörte, bekreuzte sich mit einem »Vergelt's Gott, dass sie da is«, um gleich hinzuzusetzen, »na ja, a Dirndl, besser als nix.«

Ich darf Franz und Resi auf Walpersed zu den besonderen Ausnahmen zählen, die sich in völliger Übereinstimmung ergänzt haben, die sich in ganz besonderer Weise so herzlich zugetan waren, die Freude und Leid gemeinsam getragen haben. Auch den Tod des Hoferben, den sie überaus schmerzlich empfanden, trugen sie zusammen in vorbildlicher Haltung. Ich habe diese beiden Menschen, die ihren Kindern das beste Beispiel einer glücklichen Ehe waren, ganz besonders geschätzt. Als Franz eines Tages plötzlich starb, fühlte sich Resi so verlassen, dass sie nicht mehr weiterleben wollte. Still trauerte sie um den Mann, der ihr alles bedeutet hatte. »Ich geh bald zu ihm«, sagte sie zu mir, »denn bei ihm bin ich daheim, bei ihm is meine Heimat.« Sie ist an gebrochenem Herzen gestorben, so sagten die Leute damals, und nun ist sie bei ihrem Franz. Gott hab sie selig.

## *Neugier sorgt für Überraschungen*

Die ersten Tage der Karwoche waren kalt und ungemütlich. Ab und zu schneite es, und die Sonne zeigte sich nur für wenige Augenblicke durch die tief hängenden Wolken, als ich auf das Zuhäusl des Zieglerbauern zuging. Hier wohnte, seit Jahren an äußerste Bescheidenheit gewöhnt, Brigitte mit ihren drei Kindern, die verschiedene Väter hatten, von denen keiner bereit gewesen war, sie zu heiraten. So blieb sie allein, ging in den Taglohn und sorgte, so gut es ging, für sich und ihre Kinder. Der Name ›Brigitte‹, den das Neugeborene damals bei der Taufe erhielt, wurde von den Eltern in ›Brigerl‹ verniedlicht, diese abgewandelte Form von Brigitte war durchaus üblich.

Ich kannte sie schon lange, und ich stand mit meiner Meinung, dass diese Verniedlichung fast eine Beleidigung der heiligen Brigitte war, ziemlich allein. So hieß sie bei allen weiterhin Brigerl, ich war die einzige Ausnahme.

Diese Zuhäusl gleichen sich alle in ihrem Stil und in ihrer Bescheidenheit, dachte ich, als ich die morsche, altersschwache Stiege nach oben ging. Bei dieser Geburt heute, so wusste ich, lagen die Dinge anders. Brigitte brauchte bei ihrem vierten Kind gegenüber den Leuten nicht mehr demütig zu Kreuze zu kriechen, sich von der Gesellschaft als Ausgestoßene fühlen, denn nun war sie verheiratet, das

Kind legal und Brigitte konnte sich anderen Frauen und Müttern ebenbürtig fühlen. Soeben kam die alte Stasi, die die Kinder betreute und Brigitte im Wochenbett beistehen würde, aus der Tür, die Kinder Maria, Stefan und Willi im Gefolge. Nach der Begrüßung gab mir Stasi zu verstehen. »Ich nehm die Kinder mit, bis alles vorbei ist, damit du deine Ruh hast. Der Toni, was der Brigerl ihr Mann ist, wird eh gleich kommen.«

Die Behausung war – wie gesagt – klein und beengt. Es musste viel Mühe und Fantasie aufgewendet werden, um ein wenig Wohnlichkeit in die beiden Räume zu bringen. Das Kanapee hatte Brigitte zum Kreißbett umfunktioniert und es mit mehreren alten Militärdecken umhängt, damit es vor den neugierigen Blicken der Kinder geschützt war für den Fall, dass eines von ihnen unerwartet hier auftauchen könnte. Die Stasi hatte offenbar strenge Moralbegriffe, denn sie erklärte den Kindern auf dem Weg über die Treppe: »Untersteht euch und geht zurück in die Stube. Ihr habt da heroben heut nix verloren, und jetzt ab mit euch. Ordnung muss sein!«, rief mir die Stasi noch zu. Wenn an so einem Tag wie heute ihre Regeln missachtet wurden, konnte die Stasi fuchsteufelswild werden. So weit sollte es nicht kommen. Ohne Murren, ohne Widerrede der Kinder verließ Stasi mit ihrem Gefolge endlich das Haus.

Über die Geburt und deren Vorgänge wurde früher, was die Kinder betraf, strengstes Stillschweigen bewahrt. Oft zu streng, wie ich meine. War diese Erziehung gut, oder ist die jetzt gewonnene Freiheit besser? Beides sind vielleicht Extreme, die an der goldenen Mitte vorbeigehen. Weder das eine noch das andere ist nach meiner Ansicht uneingeschränkt empfehlenswert.

Während ich für die Geburt alles vorbereitete, ging Brigitte in der Stube auf und ab, immer darauf achtend, nicht an das notdürftig verkleidete Kanapee zu stoßen, um die wacklige Konstruktion nicht zu zerstören. Die zweckentfremdeten Militärdecken wurden durch die Befestigungen an Fensterrahmen und Küchenschrank zu einem erheblichen Hindernis. Bei Bewegungen, das heißt durch das Hin- und Hergehen, lief Brigitte Gefahr, dass alles zusammenstürzte. Meine Einwände, dass die Kinder doch in der Obhut der Stasi wären und der Aufwand überflüssig und hinderlich wäre, ließ Brigitte nicht gelten. »Du kennst meine Kinder net, denen trau ich alles zu. Nein, nein, lass die Decken bloß hängen.«

Mit dieser Begründung hatte Brigitte recht, wie es sich zeigen sollte. Ich hatte die Neugierde der Kinder unterschätzt, und sie traf mich unvorbereitet. Brigitte kämpfte mit starken Wehen, die bald ihren Höhepunkt erreichen sollten. Wie bei allen Müttern kam auch hier die immer wiederkehrende Frage: »Wie lang dauert es noch, ist es bald so weit?« Und plötzlich glaubte ich, leise Schritte zu hören, die den Fußboden ein wenig knarren ließen. Ich sah nach, konnte aber nichts entdecken. Sicher eine Täuschung. Alles war wieder still. Bald würde die Geburt beendet sein und dieser merkwürdige Aufbau verschwinden können.

Brigitte ertrug still ihren Schmerz. Sie hatte das im Laufe ihres Lebens gelernt, ihr hatte das Leben nichts geschenkt, aber es hatte ihr seelische und körperliche Kraft gegeben, sich allen Anforderungen zu stellen. Ihr schweißtriefendes Gesicht zeugte von der Schwere dieser Stunden. Auf einmal irritierte mich erneut ein merkwürdiges Geräusch, und fast gleichzeitig wurde es dunkel. Was war geschehen? Die nach Staub und Rauch riechenden Decken hatten sich aus ihrer Verankerung gelöst und uns einfach zugedeckt. Es war äußerst unangenehm. Nur mit viel Mühe konnte ich uns beide aus dem Gewirr so weit befreien, dass wir wieder atmen konnten. Chaos umgab uns. Gegenstände, die für die Geburtshilfe wichtig waren, lagen am Boden, die Desinfektionslösung war unter den Decken begraben. Eine kritische Situation so unmittelbar vor der Geburt des Kindes. Wie hatte das passieren können? Mit einem kurzen Blick aus dem Fenster sah ich dann, wie Maria, immer zwei Stufen der Holztreppe zugleich nehmend, sich eilends aus dem Staub machte. Sie kam aber nicht weit, denn Stasi, die die Abwesenheit des Mädchens inzwischen bemerkt hatte, stand plötzlich da und nahm die neugierige Maria in ihren Gewahrsam.

Wie ich später erfuhr, hatte die Zwölfjährige ein Loch in einer der maroden Militärdecken gefunden, so dass sie die Vorgänge hinter dem zweifelhaften Sichtschutz beobachten konnte. Die Neugierde war stärker als das Verbot von Mutter und Stasi. Der Schock über diesen unerwarteten Vorfall saß uns beiden noch in den Gliedern. Er war auch verantwortlich dafür, dass die Geburt zu einem kurzen Stillstand kam, um dann mit vermehrter Kraft und Eile zu Ende zu gehen.

Gerade rechtzeitig kam der werdende Vater zur Tür herein, so dass er sichtlich berührt die Geburt seines Kindes noch miterleben konnte. Wortlos, mit nassen Augen und – wie zu sehen war – bewegt nahm er seinen Sohn in die Arme, und ein paar Tränen fielen auf das Neugeborene. Es muss für Brigitte ein glücklicher Augenblick gewesen sein, in diesen Stunden endlich einen Partner zu haben, der sich mit ihr über das gemeinsame gesunde Kind freute. Ich gönnte Brigitte dieses bescheidene Glück von Herzen, weil ich die Not unehelicher Mütter und deren Kinder immer wieder erleben musste.

## *Sechs tote, sechs lebende Kinder*

Wenn ich heute beobachte, wie viel überlegt, gekämpft und getan wird, um jedes noch so schwache neugeborene Kind am Leben zu erhalten und wie jedes medizinische Mittel eingesetzt wird, um dem Tod zu begegnen, ihn zu verhindern, ihn zu besiegen, dann muss ich oft an die folgende Geschichte denken. Damals wurde der Tod eines Kindes als etwas Natürliches angesehen und hingenommen, nicht zuletzt, weil die meisten Familien sehr kinderreich waren.

Die alte Dirlingerin saß in ihrem Sessel in der Stubenecke, hielt den Rosenkranz in ihren Händen und betete um einen guten Ausgang der Geburt ihres Enkelkindes, während Amalie, ihre Schwiegertochter, sich mit den Wehen abplagte. Ihr Rosenkranzgebet kurz unterbrechend gab mir die Dirlingerin zu verstehen, dass sie nicht mehr viel tauge, um mir zu helfen. »Aber beten, des kann ich noch«, meinte sie, »damit alles gut nausgeht. Und es hilft auch«, war ihre fromme Meinung.

Die Lebensgeschichte der alten Frau kannte ich gut, sie hatte sie mir schon oft erzählt. »Zwölf Kinder«, so sagte sie immer, »hab ich auf die Welt gebracht, sechs lebende und sechs tote.« Auf meine erstaunte Frage, wieso sechs tote Kinder, antwortete sie. »Ja mei, die sind halt nach der Geburt gestorben mit ein, zwei Tagen, und eines, der Tonerl, is ein halberts Jahr alt gewordn. Der hat mir schon recht erbarmt, der Tonerl.« Arzt kam keiner, der die Todesursache festgestellt hätte, weil keiner gerufen wurde. »Dafür fehlte das Geld, und krankenversichert waren wir nicht, so sind's halt gestorben, weil's auf die Welt net hergehört haben. Hart ist so was, arg hart, aber man muss sich damit abfinden«, war ihre Meinung. Anschaulich konnte die Dirlingerin erzählen, wie sie ihre toten Kinder allein in einer weißen Kiste, die der Hirndoblerschreiner angefertigt hatte, auf den Friedhof getragen hatte. Ein neunzigminütiger Weg war es, den sie, ihr totes Kind unter dem Arm tragend, gegangen ist. Wie viele Tränen wird sie auf diesem Kreuzweg geweint haben, diese Mutter, deren Kinder mit ärztlicher Hilfe vermutlich am Leben geblieben wären. »Er war schlimm, der Weg, sehr schlimm, und sechsmal bin ich ihn gegangen, sechsmal«, wiederholte sie. Nach einer kurzen Pause, die dem Nachdenken und Zurückschauen diente, klagte sie: »Der Herrgott hat mir viel an Kreuz und Kummer auferlegt. Manchmal hab ich gemeint, es geht nimmer, er hat mich verlassen.« Der Kreuzweg schien kein Ende zu nehmen. Vor der Geburt ihres letzten Kindes brachte man ihren Ehemann, den Vater ihrer Kinder, den Ernährer einer großen Familie tot nach Hause, erschlagen von einem Stein, der sich an seiner Arbeitsstätte aus unerfindlichen Gründen plötzlich gelöst hatte. Wie hatte diese Frau das bloß verkraften können, nach sechs Kindern auch noch den Mann zu verlieren. Da möchte der Boden schwanken, und das Herz möchte stillstehen, und erlösende Tränen gibt es keine mehr. Aber die Dirlingerin war eine starke Frau. In ihr wurden ungeahnte Kräfte freigesetzt, die es ermöglichten, das so trostlos und hoffnungslos erschienene Leben selbst in die Hand zu nehmen.

Eine Kuh und mehrere Hühner sorgten dafür, dass man leidlich satt wurde, und mit den Einnahmen für mehrere Pflegekinder, die ihr von ledigen Dienstmägden für 1,50 Mark pro Kind und Woche gebracht wurden, konnte das Schlimmste überwunden werden, auch wenn das Häusl übervoll war und man sich gegenseitig fast auf die Füße trat. Alle waren zufrieden mit Brot, Milch und Kartoffeln in jeglicher Form. Am Sonntag gab es Kathreiners Malzkaffee, und das war schon etwas ganz Besonderes.

Nun waren die Enkelkinder der Dirlingermutter dran, den Platz ihrer Kinder einzunehmen, damit die Reihe der Dirlinger sich fortsetzte.

Stunde um Stunde verging in dieser Nacht. Dieses Kind ließ sich sehr viel Zeit mit seinem Kommen. Amalie, die werdende Mutter, war geduldig, obwohl die alte Dirlingerin immer wieder beteuerte: »A so a lange Warterei hat's bei mir fei net gegeben, na ja, heut is ja sowieso alles anders.« Und schließlich kam doch noch ein gesundes Mädchen zur Welt, das allem Anschein nach am Leben bleiben wollte. Glücklich hielt Amalie ihr kleines Mädchen im Arm, und der Vater glaubte zu wissen, dass, da nun ein Mädchen zu den beiden Buben dazugekommen war, der Kindersegen beendet wäre. Eine Aussage, ein Wunschgedanke, der abzuwarten wäre, war meine vorsichtige Meinung. »Na, na«, fiel mir der junge Vater ins Wort, »die drei, die reichen für uns kleine Leut. Es soll net so kommen, wie es bei uns daheim war. Wenn der Vater net verunglückt wär, dann wären uns noch viel mehr Geschwister worden, wenn's net zuvor wieder gestorben wärn.« Nach kurzem Nachdenken – vermutlich über den Tod seiner Geschwister – glaubte er den Sinn des kurzen Lebens dieser Kinder zu erkennen, denn er sagte: »Die Kranken sind gestorben. Nur die Gesunden haben überlebt, waren stark genug, die vielen Widrigkeiten zu überstehn. Es is schon recht im Leben, vielleicht hat auch der Tod seinen Sinn.«

## *Poldi und Mirzl*

Es war Ende März in den fünfziger Jahren, ein Tag, der den Vorfrühling schon ahnen ließ, mit blauem Himmel und strahlender Sonne. Man spürte schon das Erwachen der Natur, und Ostern war nicht mehr weit.

Ich stand allein mit einem Täufling auf dem Arm vor dem Kirchenportal. Die uneheliche Mutter dieses Kindes durfte nach herkömmlichem Brauch nicht mit zur Kirche gehen, und Taufgäste gab es keine. »Wartest halt so lang, bis die Brautleut aus der Kirch gehen, sonst wird da vorn der Platz zu klein«, eröffnete mir Korbinian, der Mesner, der für den reibungslosen Ablauf in der Kirche zu sorgen hatte. »Heut geht's in einem Aufwasch«, sprach er weiter, »eine Hochzeit und eine Taufe, da braucht sich der Herr Pfarrer net extra noch einmal umziehen, weil er eh schon in der Kirche ist.« Mit einem Blick auf den gelben Taufschein, der den Täufling als unehelich geborenes Kind auswies, stellte er noch etwas abwertend fest: »Schon wieder ein Lediges.«

Ich wartete also zwischen den Kirchentüren, bis die Trauung beendet war und das Brautpaar die Kirche verlassen hatte. Etwas überrascht war ich, als ich Leopold als den Bräutigam erkannte, der, beide Hände in den Hosentaschen und mit seinem ihm angeborenen Grinsen durch die Kirchentüre verschwand, während Mirzl, die Braut, sich erst umständlich von ihrem Platz erhob und mit den beiden Trauzeugen ebenfalls der Kirchentüre zustrebte. Im ungewohnten langen weißen Kleid, das man unschwer als ausgeliehen erkennen konnte, stürzte sie mit derben schwarzen Schuhen und in ständigem Konflikt mit ihrem Brautschleier aus der Kirche einem neuen Leben entgegen.

Leopold war von eher schlichtem Gemüt und zur Zeit als Knecht beim Bauer an der Leitn beschäftigt. Er war als unzuverlässig bekannt, so dass der Bauer auf der Leitn des Öfteren stöhnte: »Es ist ein Kreuz mit diesem Dorfdeppen.« Mirzl, seine Frau, arbeitete als Tagelöhnerin. In einem maroden Zuhäusl fanden die beiden ein bescheidenes Zuhause.

An einem Faschingsdienstag, der als Ausklang der närrischen Zeit alle Wogen hochgehen ließ, kam das erste Kind bei Poldi und Mirzl. Es war vier Uhr früh, als ich ins Haus geholt wurde, in dem mich Mirzl und die alte Kramer-Mutter erwarteten. »Ich hab mir denkt, weil sich sonst kein Mensch um sie kümmert in dieser Stund, schau ich nach ihr. Damit sie net so allein ist, die Mirzl, weil der Poldi zu seiner Stallarbeit zum Bauern auf die Leitn gegangen ist«, eröffnete mir die Kramer-Mutter. Ich war ihr dankbar, dass sie da war. Wenigstens ein Mensch, an den man sich halten konnte, wenn es notwendig werden würde, denn Poldi war ja nicht daheim.

Mirzl ertrug ihre Wehen ohne größere Schmerzäußerung, was vielleicht darauf hinwies, dass sie in ihrem vergangenen Leben Schmerz zu ertragen gelernt hatte und ihr wenig Mitleid entgegengebracht worden war. Ohne Fragen fügte sie sich in das Unabänderliche. Die Geburt dieses Kindes verlief reibungslos, und gegen Mittag bekundete es sein Dasein mit einem kräftigen Schrei, ein Mädchen, das keine großen Erwartungen an sein Leben stellen konnte. Doch Mirzl nahm ihr kleines Mädchen glücklich und liebevoll in ihre Arme. Sie drehte an den kleinen Ärmchen, als staunte sie, wie wohlgeformt sie waren. Die viel gepriesene, einmalige Mutterliebe schien bei Mirzl ganz besonders ausgeprägt zu sein.

Mit der Freude über ihr Kind blieb sie allein, denn Poldi, der Vater, war immer noch nicht heimgekommen, obwohl die Stallarbeit bei seinem Bauern längst beendet sein musste. »Wo bleibt denn der Halodri«, schimpfte die Kramer-Mutter, »hat er vergessen, dass du ein Kind kriegst?«, wandte sie sich an Mirzl, die im Glück über ihr Kind die Abwesenheit ihres Mannes nicht sonderlich berührte. Ihre Antwort: »I weiß a net, wo er is«, war gleichgültig, und so mussten wir uns damit abfinden, dass von Seiten des Ehemannes wohl keine Hilfe zu erwarten war.

Erst später auf meinem Heimweg wurde die Frage, wo Poldi blieb, geklärt, und ich war über diese Wendung erschüttert. Ein einfältiger Mensch wurde zum Narren gemacht, herabgewürdigt zum Gelächter und Gaudium der Leute. An diesem Faschingsdienstag hatten sich die Veranstalter etwas ganz Besonderes einfallen lassen. Man hatte weder Geld noch Mühen gescheut, um ein reiches Programm aufzustellen. Traktoren und Pferde zogen die reich geschmückten Schauwagen, die politische und örtliche Begebenheiten, vermeintliche oder tatsächliche Fehlentscheidungen kurios anprangerten, Ereignisse durch den Kakao zogen, um so ganz nach Faschingsbrauch dem angestauten Ärger Luft zu machen. Es war Narrenfreiheit, die man zu nutzen wusste. Ich wartete auf einem Seitenweg, bis ich die Straße überqueren konnte, die von Schaulustigen gesäumt war.

Plötzlich hörte ich lautes Gelächter, grölendes Geschrei. Dem Gekreische nach musste eine ganz besondere Attraktion die Straße heraufkommen. Zwei Ochsen zogen, wie ich sehen konnte, gemächlich einen Bretterwagen, ausgeliehen vom Ruppbauern, der ihn zum Mistfahren benutzte, dessen heutige Fracht ich aber noch nicht erkennen konnte. Beim Näherkommen erkannte ich eine Steige, in der sich etwas bewegte. Ein Mensch, ein Tier? Doch dann sah ich ganz deutlich und für mich unfassbar das Ungeheuerliche. Es war Poldi, auf dessen Vorder- und Rückseite ein großes Schild prangte, das ihn als Räuber Kneißl auswies, der nun zum Vergnügen der närrischen Bevölkerung zur ›Richtstätte‹ gebracht wurde. Still in sich zusammengesunken, saß er in seinem Gefängnis, sein Grinsen wirkte gefroren, eine traurige Erscheinung, die zu der lauten schreienden Umgebung gar nicht passte. Plötzlich hob Poldi seinen Kopf und unsere Blicke begegneten sich für wenige Augenblicke. Da bemerkte ich, dass ein paar Tränen über sein Gesicht liefen. »Der Räuber Kneißl weint«, hörte ich ein kleines Mädchen ausrufen. Poldi schien die

Würdelosigkeit, die ihm angetan wurde, durchaus zu begreifen, und dass er verspottet und der Lächerlichkeit preisgegeben wurde. Für zwei Maß Bier hatte Poldi sich zum Narren machen lassen und dabei vergessen, was zu Hause geschehen war.

Das kleine Mädchen Kathrin wuchs heran und war dabei, seine ersten Schritte zu machen, als Mirzl mir eröffnete, dass sie ihr zweites Kind erwarte. Doch dieses Mal kam es zu einer komplizierten Fehlgeburt, die Kinderlosigkeit zur Folge hatte. In dem altersschwachen Zuhäusl gab es keinen Kindersegen mehr.

Aber Mirzl erholte sich schnell von diesem Trauma. Seit dem bewussten Faschingsdienstag war Poldi ein aufmerksamer, hilfsbereiter Ehemann geworden, dem in seinem einfachen Denken bewusst wurde, dass er zum Narren gemacht worden war von Menschen, die ihm nichts bedeutet hatten, und dass ihm Mirzl und das Zuhäusl Schutz und ein Zuhause gaben. Die Familie lebte in Frieden und Bescheidenheit ihr anspruchsloses Leben.

Doch bald sollte diese Idylle gestört werden durch das Jugendamt, das andere Bedingungen für die kleine Kathrin schaffen wollte. Aber die Aktion scheiterte am Widerstand der Mirzl, die ihr Kind um keinen Preis in fremde Hände geben wollte. »Das is mein Kind, das geb i net her, net so lang i leb«, war ihre Reaktion. Es war ihr anzusehen, dass sie ihr Kind mit allen Mitteln verteidigen wollte.

Seitdem traute die Mirzl dem Jugendamt nicht mehr. Sie ließ die kleine Kathrin nicht mehr aus den Augen, sie tat keinen Schritt ohne das Kind. Sie nahm es überallhin mit, war es auf dem Rücken oder dem kleinen Leiterwagen, wenn sie zur Arbeit in den Taglohn ging.

An einem Tag zeigte die Kleine ein wenig Unpässlichkeit, und Mirzl wandte sich Hilfe suchend an die Kramer-Mutter. Der einzige Rat aber, den sie ihr geben konnte, war: »Der Husten vergeht schon wieder, der braucht seine Zeit, und wennst des Dirndl warm anziehst, dann is es in zwei Tagen wieder gesund.« Mirzls große Augen sprachen von Sorge um ihr Kind, das zu ihrem Lebensinhalt geworden war. Den guten Ratschlägen der Kramer-Mutter traute die Mirzl nicht so ganz und deshalb wurden mein Rat und meine Hilfe eingeholt. Auch ich konnte die Diagnose der Kramer-Mutter bestätigen, dass die Kleine in spätestens zwei Tagen wieder gesund sein würde, wenn mit Schweinefett und heißem Kräutertee nachgeholfen würde. »Vergelt's Gott, dass du gekommen bist«, bedankte sich die Mirzl bei mir. »Die vom Jugendamt«, sprach sie weiter, »möchten mir mein Dirndl, die Kathrin wegnehmen, aber des lass i net zu, des Kind geb i net her, nie, gar nie, des Dirndl gehört mir und net dem Jugendamt.« Diese Worte, fest und bestimmt gesprochen, ließen keinen Zweifel daran, dass sich diese Mutter um ihr Kind bis zum Letzten wehren würde.

Nach einigen Tagen flatterte ein Brief der Behörde in das Zuhäusl, der Kathrins Eltern in höchste Unruhe versetzte.

Ungeöffnet lag dieses Schreiben noch auf dem Tisch, als ich noch einmal nach Kathrin sehen wollte. Doch Mutter und Kind hatten fluchtartig das Zuhäusl verlassen, um in die österreichische Heimat zurückzukehren. Den Kopf in beide Hände gestützt traf ich nur noch Poldi in der Stube des Zuhäusls an. Der Schmerz um seine liebsten Menschen, die ihn nun allein gelassen hatten, saß tief. Er schien die Trostlosigkeit seiner jetzigen Lage voll zu erkennen. »Die Mirzl kommt nimmer zurück, hat sie mir gesagt, und die Kathrin auch net«, eröffnete mir Poldi, der verzweifelte Ehemann und Vater. »I brauch aber die zwei, i brauch sie unbedingt, i werd auch nach Österreich hinübergehn, i kann doch net allein ohne die Mirzl und dem Dirndl dableibn.«

Sehr einsam, sehr verlassen führte der Poldi noch weitere Selbstgespräche, als ich mich schon längst verabschiedet hatte. In Gedanken verließ ich diesen einsamen Wohnbereich, dessen Trostlosigkeit die Abendsonne mitleidig in warmes Licht tauchte. Der blühende Holunderstrauch vor der Tür, dessen Blüten und Früchte die Mirzl immer geerntet hatte, wirkte vertraut und tröstlich. Doch der einsame Mann da oben nahm den Duft und die Schönheit seiner Blüten nicht wahr.

Die Bäuerin von der Leitn erbarmte sich seiner, brachte ihm oft Essen und fragte ihn nach seinem Befinden. Seine Reaktion war eher Gleichgültigkeit, Poldis Verhalten gab Anlass zur Sorge. Der Bürgermeister des Ortes wurde eingeschaltet. Am Ende konnte man mit vereinten Kräften organisieren, dass Poldi, Mirzl und Kathrin Aufnahme auf einem Hof in Niederbayern fanden und die kleine Familie nun doch zusammenbleiben konnte.

## *Villa Sonnenschein*

Es gibt Orte, die mir in unauslöschlicher Erinnerung geblieben sind. Dazu gehört eine einsame Baracke, die in der Wohnungsnot der Nachkriegszeit dankbare Bewohner gefunden hatte und mit ihren zwei Räumen und dem Ziehbrunnen vor dem Haus ein bescheidenes Domizil war. An der grün gestrichenen Haustür, an der der Zahn der Zeit erheblich genagt hatte, prangte ein verwittertes, vormals gelbes Metallschild mit der Aufschrift ›Villa Sonnenschein‹ sowie der Name der Bewohner. Diese Bezeichnung schien mir nicht ganz passend, wenn man den desolaten Zustand der ›Villa‹ betrachtete. Das Häusl, das hinter der Baracke als notwendiges Bauwerk den bescheidenen Ansprüchen der Bewohner bloß bedingt entsprach, war vom Verfall bedroht und nur auf eigene Gefahr zu benutzen. Doch die Bewohner konnten keinerlei Ansprüche an ihre Lebensverhältnisse stellen. Man war zufrieden mit einem schützenden Dach über dem Kopf.

Heute sollte hier das zweite Kind geboren werden, das unter den denkbar primitivsten Bedingungen hier aufwachsen würde. Eine Welle von Tabakrauch schlug mir entgegen, als ich die Wohnung betrat und mich an Bierkästen vorbei zur Stube durchkämpfte. Georgine, die werdende Mutter, blickte mir mit gläsernen Augen kurz entgegen, um gleich wieder in ihre eigene, umnebelte Welt zu fallen. Sie hatte schon wieder viel zu tief ins Glas geschaut, als dass sie die Lage, in der sie sich befand, hätte begreifen können. Der junge Vater, schwer behindert, saß in seinem Rollstuhl und bedankte sich für meinen Gruß mit einem Kopfnicken. Auch er war zwar nicht mehr ganz nüchtern, aber doch so weit ansprechbar, dass er meine notwendigen Fragen beantworten konnte.

Während ich die Vorbereitungen für die Geburt des Kindes traf, war Georgine durch die stärker werdenden Wehen etwas nüchterner geworden. Sie erfasste plötzlich ihren Zustand, murmelte, dass sie nun das achte Kind gebären sollte, obwohl sie das gar nicht möchte, noch mal ein Kind in diese verdammte Welt zu setzen. »Ich dachte, es sei Ihr zweites Kind, warum sprechen Sie von acht?«, fragte ich.

»Meinem geschiedenen Mann sind die Kinder vom Gericht zugesprochen worden«, antwortete sie. »Aber das«, sprach sie nach kurzer Pause weiter, »obwohl es ein Unrecht ist, ein Justizirrtum, einem Vater die Kinder bei der Scheidung zuzusprechen, eine Sauerei ist das, jawohl.« Der werdende Vater rutschte von seinem Rollstuhl auf die Bank und monierte: »Ich bin eh schon gestraft genug, als dass ich mich auch noch um sechs fremde Kinder angenommen hätt.«

Inzwischen wurde die kleine Martina wach, die mich mit großen dunklen Augen erstaunt ansah. Ein hübsches, zweijähriges Mädchen, das den ungewohnten Zustand ihrer kleinen Welt schon begriff.

Georgine marschierte in der Stube auf und ab, von der Tür zum Küchenschrank, zum Kohleofen, zum Tisch. Ihr Radius war klein, aber sie hatte das Bedürfnis, ihren Marsch wie ein Programm solange zu absolvieren, bis sie gezwungen war, sich hinzulegen, um auch dieses ungewollte Kind zu gebären.

Trotz der Lebensweise dieser Mutter konnte ich ihr ein gesundes Mädchen in den Arm legen, das sich durch die Körperwärme der Mutter beruhigte. Ein kleines Lächeln um Georgines Mund deutete an, dass sie auch dieses Kind trotz der vorausgegangenen Ablehnung angenommen hatte. Hineingeboren in eine traurige Umgebung und vermutlich mit wenig Chancen im Leben, würde das Kind es schwer haben. Wie wird dein Schicksal verlaufen, kleines Mädchen, wirst du dein Leben meistern, oder wirst du so wie deine Eltern auf die hinteren Plätze in der Gesellschaft verwiesen werden, unterprivilegiert, unbeachtet, ohne nennenswerte Möglichkeiten? Damals wusste ich noch nicht, dass dieser Gedanke gegenstandslos werden würde, denn das Schicksal nahm eine ganz andere, unvorhergesehene Wende.

Nach einigen Tagen eröffnete mir der Kindsvater: »Jetzt wär's halt zum Taufen und wir habn wieder einmal keine Patin, so wie es auch bei der Martina war.« Nun sollte ich also auch bei diesem Kind die Patenschaft übernehmen und in das Kirchenbuch als Taufpatin der Johanna Dirngibl eingetragen werden. Ein Ehrenamt, dem ich immer mit besonderer Freude nachkam und das in diesem Fall niemand übernehmen wollte. Weder in Verwandten- noch Bekanntenkreisen fand sich eine Taufpatin für die kleine Johanna. Man wollte weder Zeit noch Geschenke für diese Menschen investieren, die am Rande der Gesellschaft standen und nicht als zu ihren Kreisen gehörig betrachtet wurden. Als Taufpatin glaubte ich immer, eine besondere Beziehung zu diesen Kindern zu haben.

Ein Jahr ging zu Ende und meine zwei kleinen Mädchen wuchsen zu gesunden, hübschen Kindern heran. Ich besuchte sie des Öfteren, wenn mich der Weg an der ›Villa Sonnenschein‹ vorbeiführte. Durch gelegentliche kleine Geschenke gewann ich nicht nur ihre Zuneigung, sondern machte mir damit auch selbst eine Freude.

Georgine war mit ihrem Leben höchst unzufrieden. Ein Leben, das, wie sie meinte, außer Konflikten nicht viel für sie bereithielt, denn auch der gelegentliche Kneipenbesuch mit ihrem behinderten Mann genügte ihr nicht. Zu mehr aber reichten die finanziellen Mittel nicht aus. »Ein schweigsamer, missmutiger Mann und zwei Kinder, die ständig an meinem Rockzipfel hängen, das kann doch net alles sein«, beklagte sich Georgine bei mir. Eine unzufriedene Frau und Mutter, die man bei allem guten Willen nicht trösten konnte, weil sie keinen Sinn in ihrer Aufgabe sah, und die eine andere Welt vor Augen hatte, die für sie nicht erreichbar war.

Ein besonders schöner Tag war der zwölfte Mai in diesem Jahr, und es war Muttertag. Martina und Johanna, die beiden Mädchen aus der ›Villa Sonnenschein‹ waren noch zu klein, um den Sinn dieses Tages zu verstehen. Es gab niemanden, der die Kinder angewiesen hätte, ihrer Mutter heute ein paar Blumen zu schenken, und dem Vater fehlte jeder Sinn für eine solche Geste. »Ich hab mit mir selber zu tun«, waren oft seine Worte, wenn unangenehme Dinge auf ihn zukamen. So gab es weder Blumen noch Geschenke für diese Mutter, die doch acht Kinder geboren hatte. Georgine war gekränkt, sie wollte sich schadlos halten für diese Lieblosigkeit, die sie, wie sie meinte, nicht verdient habe. »Wir gehen zu ›Rudi‹ in die Kneipe«, eröffnete sie ihrem Mann an diesem Tag. »Ich möchte diesen Tag feiern, und dich nehm ich mit. Das ist mein Tag und ich möchte raus aus dieser Trostlosigkeit.« So geschah es, und das Schicksal nahm seinen unheilvollen Lauf für die Familie in der ›Villa Sonnenschein‹.

Dieser Muttertag ging dem Ende entgegen. Die Sonne hatte sich schon tief geneigt, als ich von einer meiner Dienstfahrten nach Hause fuhr. Plötzlich hörte ich hinter mir Sirenengeheul, und schon rauschten Feuerwehrfahrzeuge in großer Eile mit Tütatüt an mir vorbei, um irgendwo ein Feuer zu bekämpfen und zu retten, was noch zu retten war. Würden die Flammen einen Bauernhof, eine Stallung mit Vieh vernichten? Viele Möglichkeiten gingen durch meinen Kopf, als ich den Weg nach Hause fortsetzte. Auf der Straße stand eine Menge Leute in kleineren Gruppen gestikulierend zusammen und diskutierten das Entsetzliche, das heute am Muttertag geschehen war.

Kein Bauernhof, keine Tiere wurden ein Raub der Flammen, sondern – für mich völlig unfassbar – die ›Villa Sonnenschein‹, die Holzbaracke, die bis zum Grund niederbrannte, und meine kleinen Mädchen konnten nicht mehr gerettet werden. Sie waren von ihren Eltern eingeschlossen worden, als diese das Haus verlassen hatten, um in der Kneipe zu feiern. Es gab für die Kinder keinen Weg ins Freie, kein Entkommen. Die ›Villa Sonnenschein‹ brannte mit allem Hab und Gut ihrer Bewohner bis zum letzten Balken nieder und mit ihr die beiden kleinen Mädchen Martina und Johanna, meine Patenkinder.

Ich stand völlig geschockt vor dieser Nachricht. Zwei kleine Mädchen starben im Feuer, dessen Ursache ungeklärt blieb. Fassungslos sah ich später auf die noch rauchenden Trümmer der einstigen ›Villa Sonnenschein‹, deren Name mehr denn je wie Hohn klang. Tränen liefen über mein Gesicht beim Anblick der verkohlten Reste und der traurigen Gewissheit, dass zwei Kinder hier durch den Egoismus ihrer Eltern den Tod gefunden haben. Eduard und Georgine Dirngibl hatten an diesem Muttertag nicht nur ihren bescheidenen Besitz und ihr Zuhause, sondern auch ihre beiden Kinder, die sie auf ihre Weise ja auch geliebt haben, durch eigene Schuld verloren. Georgine hat erst durch dieses Unglück erfahren müssen, dass ihr Leben mit Mann und Kindern trotz seiner Bescheidenheit ein gutes Leben war gemessen an dem, was nun geschehen war, und an dem, was die Zukunft für sie bringen würde. Es wäre zu hoffen gewesen, dass beide für einen Neuanfang bereit gewesen wären, doch der Druck dieser Schuld würde sie ein Leben lang begleiten.

## *Kindstaufe statt Hochzeit*

Es war einer jener regnerischen und tristen Novembertage mit Schnee- und Graupelschauern, an dem man keinen Hund vor die Tür jagen würde, an dem man am liebsten zu Hause in der warmen Stube geblieben wäre. Ein eisiger Wind blies mir entgegen, als ich meinen Lloyd bepackte, dessen graue Farbe zu dem Schmuddelwetter passte, als wäre er dafür geschaffen worden. An solchen Tagen schätzte ich mein Vehikel, das mir ein Dach über dem Kopf bot, und dass es mich vor Wind und Wetter schützte, ganz besonders. Eine wahre Wohltat, wenn ich an die mühevollen Fuß- oder Fahrradwege dachte, wo der Gegenwind mir ins Gesicht blies und mich erheblich Kraft gekostet hatte. Über holprige schmale Feldwege bog ich in den Auenwald ein, der um diese Jahreszeit so still und traurig wirkte.

Hampersberg, der kleine Weiler oben auf der Anhöhe war mein Ziel. Stöhnend und brummend nahm mein ohnehin nicht allzu leistungsfähiges Auto den Weg nach oben. Schließlich wurden mir die Schlucht und der ramponierte Waldweg, durchzogen von Wurzeln und Rillen, zum Verhängnis. In einer tiefen Rinne weigerte sich mein Lloyd, seine Aufgabe weiterhin zu erfüllen, und stellte seine Arbeit ein. Mit dem notwendigen Gepäck machte ich mich also zu Fuß auf den Weg, um einem Kind zum Leben zu verhelfen.

Durchgefroren und mit nassem Schuhwerk betrat ich den breiten Hausflur des Winklerhofes. Dunkelheit und feuchte Luft schlugen mir entgegen, als ich mich zu orientieren versuchte. Da hörte ich von oben herab eine weibliche Stimme: »Du musst da heraufkommen in die hintere Kammer, da findest du die Wally.« Die Treppe war schmal und steil und etwas mühsam zu begehen. Die ausgetretenen Stufen erschwerten ein Vorwärtskommen, so dass das Gehen im Dunkeln fast zur Tortur wurde. Ich betrat eine kalte, ungemütliche Stube, für die der Name Kammer passender war und die zum Teil als Vorratsraum und Ablageplatz für ausgediente, unbrauchbare Gegenstände genutzt wurde. Wallys Bett fühlte sich feucht und klamm an, sie selbst konnte ich auf den ersten Blick gar nicht ausfindig machen, denn aus dem hochgetürmten Federbett kam nur die Nasenspitze zum Vorschein, sie war wie eingemauert in den Federn, die von den Gänsen des Winklerhofes stammten, wie mir Wallys Mutter erklärte. Dabei erfuhr ich auch, dass Wally die älteste Tochter des Hofes war und kurz vor ihrer Hochzeit mit Isidor, dem Bauern von der Au, stand, und damit begann das Dilemma. »Kein Mensch hat gewusst, dass die Wally ein Kind kriegt, und sie selber hat es auch net gemerkt«, erklärte mir die verärgerte Mutter. »Da stehst da und kannst bloß noch dumm schauen, wennst so eine Nachricht kriegst«, und schimpfte weiter, »schrein hätte ich können, weinen hätt ich können, schimpfen bei einer solchen Blamage, und die Leut, die werden sich freuen, weil es wieder was zum reden gibt. Arg zuwider ist mir so was, des darfst mir glauben.« Dabei zog sie ihr Kopftuch noch fester zu, auch ihr schien die Kälte in der Stube nicht zu gefallen.

Die ungewollte Schwangerschaft ihrer Tochter, die sie wie ein Blitz aus heiterem Himmel getroffen hatte, belastete die Winklerbäuerin mehr, als Außenstehende hätten annehmen können. Meinen Einwand, dass die ganze Aufregung sinnlos sei, weil die Hochzeit ja nachgeholt werden könne, zweifelte die Winklerin an: »Hoffentlich hast du recht, dass die Hochzeit bloß verschoben ist, net dass sich der Isidor des noch einmal anders überlegt und sich eine andere Bäuerin holt. Mei, muss man heut froh sein, wenn die Dirndln unter die Haube kommen.« Die Winklerbäuerin überlegte kurz, bis sie erneut zu reden begann: »Hast du schon so was erlebt, dass man des selber net merkt, net weiß, dass man a Kind kriegt?« Erhebliche Zweifel lagen in ihren Worten.

Ich schwieg zu dieser Frage, die sinnlos war angesichts der Sachlage, die nun ja ohnehin offenkundig geworden war. Das völlige Verdrängen einer Schwangerschaft ist schwer nachvollziehbar, und wenn mir jemand erzählte, er habe von seinem Zustand nichts gewusst, stand ich solchen Behauptungen immer skeptisch gegenüber. Doch darüber zu diskutieren, so lehrte mich die Erfahrung, war sinnlos. Ich musste mich stets belehren lassen, dass man es mit einer Ausnahme zu tun hätte, die sehr wohl möglich wäre.

Aus dem Gewühl von Kissen und Betten holte ich die Wally ein wenig hervor, damit wir uns sehen konnten, um einen ersten Kontakt herzustellen. Fröstelnd zog sie sich wieder zurück in ihre Ausgangsstellung, die ihr die gewünschte Wärme bot. »Kalt ist es da herin'«, registrierte die Mutter, als sie das Frösteln ihrer Tochter sah. »Heizen kann man halt net in den oberen Kammern, weil man ja zum Schlafen kei geheizte Kammer net braucht. Der Wally wird's schon warm, wenn sie richtige Wehen kriegt.« Mit der letzten Behauptung hatte die Winklerin allerdings recht. »Aber die Kälte kann für das Neugeborene zum Risiko werden«, gab ich der Winklerin zu bedenken. Auch meine Arbeit würde durch klamme Hände eingeschränkt sein, von irgendwelcher Annehmlichkeit ganz zu schweigen.

Der Tag neigte sich dem Ende zu. Draußen fing es an zu schneien. Ein kalter Wind trieb die Flocken in alle Richtungen und bedeckte die Fensterscheiben unserer Kammer mit dem ersten Schnee. Dunkelheit legte sich rasch über die Gebäude des Hofes und über die Stube, in der ein neues Leben erwartet wurde. Ein schüchternes Petroleumlicht war der einzige Lichtblick in dieser trostlosen Umgebung. Mit fortschreitender Nacht spürte ich die Kälte, die in mir hochkroch, noch mehr. Doch ich musste an diesem tristen Ort bleiben, wer weiß wie lange. Es gab keine andere Lösung, kein Entkommen.

In Haus und Hof war es still geworden. Nur das gelegentliche Stöhnen der Wally unterbrach die Stille. Sie war schweigsam und geduldig, obwohl sich die Geburt in die Länge zog, viel zu lange dauerte, wenn man unter diesen schwierigen Bedingungen Stunde um Stunde warten musste. Mitternacht war längst vorbei und immer noch war keine Aussicht auf ein hoffentlich gutes Ende. Gelegentlich kam die Winklerbäuerin herein, um nachzusehen. »Ist es noch net vorbei?«, war ihre immer gleiche Frage. »Dass des bei der Wally so lang dauert?«, fragte sie erneut. »Die ist bestimmt aus Neid verwunschen worden, weil es ihr net vergönnt ist, dass sie beim Bauern in der Au einheiraten kann.« Nach einer kurzen Atempause glaubte sie auch die Person zu kennen, welche die Verwünschung ausgesprochen und ihr, der Wally, sozusagen telepathisch die lange Wehendauer und die aufgeschobene Hochzeit übertragen hatte. »Ja, ja, so was gibt es«, meinte die Winklerin abschließend. »Nein, das gibt es nicht«, war meine etwas ungnädige Antwort. Entsetzt über meine nachdrückliche Ablehnung solcher Ideen trat die Winklerbäuerin den Rückzug an mit der Bemerkung: »Na, jetzt so was, die glaubt net, dass man verwünscht werden kann, und ich weiß es aber ganz gewiss, dass des gibt.«

Mit Wally war es schwer, in ein Gespräch zu kommen. Mehr als Ja oder Nein war als Antwort von ihr nicht zu bekommen. Auf meine Frage, ob sie sich auf das Kind nicht freue, zuckte sie als Antwort die Schultern. Ich konnte sie nicht aus der Reserve locken. Ihr Inneres blieb mir verschlossen, so sehr ich mich auch um einen Kontakt bemühte. Wally war scheinbar für keinen wohl gemeinten Trost aufnahmefähig, etwas ganz Ungewöhnliches in den Stunden des Wehenschmerzes, in denen die werdenden Mütter oft auf ein gutes Wort warteten und meist dankbar und offen darauf reagierten. Noch einmal machte ich den Versuch, Wally zum

Reden zu bringen, und fragte nach dem Kinderbett, wo es denn zu finden wäre. Da hörte ich den ersten zusammenhängenden Satz von ihr. »Da musst die Mutter fragen, ich weiß des net.« Ein kleiner, magerer Erfolg, der andeutete, dass noch nicht alles verloren war. Das Vertrauensverhältnis zwischen Gebärender und Hebamme habe ich immer für sehr wichtig gehalten. Es schafft alle Voraussetzungen für eine gute Zusammenarbeit und ein erfolgreiches Ende.

Auf der Suche nach einem geeigneten Kinderbett wurde ich in der Diele fündig. Doch dieses war bereits von einer anderen Wöchnerin belegt worden. Die Hauskatze hatte es für ihre Jungen in Besitz genommen.

Das Krähen des Hahnes kündete den heraufziehenden Morgen an, einen Sonntag. Allmählich begann das bäuerliche Leben in Haus und Stall. Kuhketten klirrten, Türen bewegten sich laut und knarrend, Stimmen wurden laut, der Arbeitstag hatte auch heute begonnen so wie jeden Tag und so, wie es immer gewesen war.

Allmählich schien sich ein Ende des Geburtsvorganges abzuzeichnen. Meine Anweisungen, die ich Wally gab, gingen ins Leere. Sie interessierte sich nicht dafür, sie wollte dieses Kind nicht, und wie mir schien, tat sie just das Gegenteil von dem, was sie tun sollte. Es war zum Verzweifeln. Da fiel mir das Kinderbett wieder ein, das, so fand ich, wenigstens als Notbehelf von der Winklerbäuerin gebracht und gleich angewärmt werden sollte. Auf meine Frage nach einer Wärmflasche hieß es: »Wir haben halt eine blecherne, aber die hat der alte Großvater in seinem Bett, weil es ihn immer so friert.« Schließlich bat ich um eine Tonflasche, die angefüllt mit heißem Wasser den gleichen Zweck erfüllen würde. Auch für meine Hände war sie nützlich, denn ich konnte meine klammen Finger, um ihre Einsatzfähigkeit zu erhalten, ab und zu daran wärmen.

Die Kälte, die lange Nacht, die triste Umgebung und nicht zuletzt die Gebärende, die keinen Kontakt zu mir wollte, mich als unerwünscht betrachtete, das alles zehrte an meinen Nerven, so dass ich am liebsten geweint hätte. Doch ich musste auch die restliche Zeit noch überstehen. Es gab keine Wahl. Die Nervenprobe war noch lange nicht beendet, da kam die Winklerbäuerin mit ihrer immer ständigen Frage: »Ist es noch net vorbei?« Bald darauf erschien der Bauer, der im Kleiderschrank sein Sonntagsgewand für den Kirchgang suchte. Hintereinander kamen Brüder und Schwestern, die die Neugier plagte und vorgaben, irgendetwas zu suchen, das sich dann doch nicht finden ließ. Meinen strapazierten Nerven wurde zuviel zugemutet, und ich erklärte den unerwünschten Gästen unwirsch: »Ich brauche keine Zuschauer, von euch ist außer Neugierde nichts zu erwarten. Verlasst deshalb jetzt die Kammer.« Murrend verschwanden sie, einer nach dem andern, nicht ohne mir noch einen erbosten Blick zuzuwerfen.

Endlich waren wir allein. Und endlich war auch die letzte Phase der Geburt überstanden. Trotz aller Schwierigkeiten und Differenzen kam ein gesunder Bub zur Welt. Wally betrachtete ihn misstrauisch, als ich ihn ihr in die Arme legte. Es war schwer zu sagen, ob sie Freude oder Ablehnung für dieses Kind empfand, ob sie lachen oder weinen wollte. Auch jetzt schloss sie ihr Inneres ab. Sie wollte niemandem zeigen, was sie für dieses Kind empfand. Ich nahm mir sehr viel Zeit, um Wally die Möglichkeit zu geben, sich mit der neuen Situation auseinander zu setzen. Ein kleines Lächeln ihrerseits wertete ich als ein gutes Zeichen.

Als sie dann anfing, die kleinen Arme zu drehen, um sich zu vergewissern, ob an diesem kleinen Wunder auch nichts fehlte, da wusste ich, dass diese Mutter ihr Kind angenommen hatte. Und Wally wusste nun, dass dieses Kind, das ungewollt und ungefragt in ihr Leben gekommen war, zu ihr gehörte für immer, ob mit oder ohne Isidor, dem Bauern von der Au.

Über den unerwarteten Familienzuwachs war man auf dem Winklerhof nicht sehr glücklich. »Ein ledigs Kind statt der Hochzeit. Hoffentlich überlegt sich's der Isidor net noch einmal«, jammerte die Winklerin, die nun Großmutter geworden war. »Den Isidor müssen wir halt verständigen, dass es statt der Hochzeit eine Kindstaufe gibt, oder vielleicht weiß er eh schon mehr als wir«, sinnierte sie. Mit dieser Vermutung sollte die Winklerin recht behalten.

Unterdessen bekam ich mit Wally den nächsten Konflikt. »Ich lass mich von dir net waschen, und außerdem hab ich geschwitzt, da darf man net nass werden, hat unser Ahndl allerweil gesagt. Des muss von selber trocknen. Nein, ich mag net.« Eine neue

Erfahrung für mich, der ich ganz erstaunt gegenüberstand. Jetzt erst fiel mir auf, dass die Wally ihre Meinung nicht nur mit Ja und Nein, sondern konsequent und selbstsicher zum Ausdruck bringen konnte. »Und das Bett darfst auch net frisch beziehn«, wies sie mich zurecht, als ich um frische Bettwäsche fragte. Obwohl ich den Grund dieser Idee kannte, fragte ich: »Warum denn nicht?«

»Ja mei, so halt«, antwortete die Wally, »des war schon allerweil so, und bei mir darf da keine Ausnahm net gemacht werden, weil ich net mag. Nein, das Bett werd net frisch überzogn.« Der Aberglaube sagte, dass frische Wäsche nach der Geburt des Kindes angeblich eine massive Blutung auslöst und im schlimmsten Fall den Tod der Wöchnerin bedeutet.

Meine Geduld war am Ende. Schließlich begann ich unter Protest der Wally, das Bett frisch zu beziehen, und musste feststellen, dass drei Bezüge übereinander lagen, die allesamt dringend der Wäsche bedurften. Nach sechsundzwanzig Stunden Ärger, Missstimmung und Kälte war es so weit, dass ich den Winklerhof endlich verlassen konnte, eine Zeit, die mich viel seelische Kraft gekostet hatte.

Doch da lag das Neugeborene frisch und rosig in dem provisorischen Kinderbett. Der Anblick dieses gesunden Kindes, dem ich unter schwierigen Bedingungen zum Leben verholfen hatte, versöhnte mich mit den Unannehmlichkeiten des Hauses und vergolt mir den ganzen Ärger. Es war wieder einer jener Augenblicke, die man als Glück empfindet und die alle Mühen vergessen lassen. Noch bevor ich die Haustür schließen konnte, beauftragte mich die Winklerbäuerin: »Du kommst jetzt eh beim Bauern in der Au vorbei. Sagst dem Isidor halt, was passiert ist und dass es statt der Hochzeit eine Kindstaufe gibt. Freuen wird er sich net, der Isidor. Mich freut's auch net, eine Kindstaufe statt der Hochzeit«, meinte die Winklerin.

Isidor wusste natürlich, wie es um Wally stand, als er mich fragte: »Ist es bei der Wally vorbei? Ich hab dich gestern schon nauf nach Hampersberg fahren sehn, und da hab ich keine rechte Ruh nimmer gehabt. Ist alles gesund und ist es vielleicht ein Bub?« Mit meiner Antwort war der Isidor sehr zufrieden und wünschte mir ein gutes Heimkommen. Ein sympathischer junger Mann, der alle Voraussetzungen für einen guten Ehemann und Vater hatte. Zwei ungleiche junge Menschen, die ihren Lebensweg gemeinsam gehen wollten, dachte ich. Aber man würde sich trotz der Verschiedenheit der Charaktere sicher arrangieren. Bäuerlicher Besitz erfordert ein Miteinander auf Treu und Glauben, und die beiden würden alle Lasten, aber auch die wenigen Freuden gemeinsam tragen, so, wie ihre Vorfahren es vorgelebt haben.

Zur Wally, der Bäuerin von der Au, kam ich noch mehrere Male. Nach fünf gesunden Buben wurde zur Freude seiner Eltern ein Mädchen geboren. Marianne, das jüngste und letzte Kind, war mit ihren dunklen Augen und den wirren Locken Vaters Ebenbild und stand unter seinem besonderen Schutz. Ihre Brüder, fünf Blondschöpfe mit blauen Augen, in denen der Schalk blitzte, glichen der Mutter. Ihre Lehrerin erzählte mir von ihnen: »Es sind gewitzte Burschen, aber ein Alptraum für jeden Klassenlehrer.« Diese Kinder wirkten ungebändigt wie der Wildbach, der durch die Au rauscht, und sie liebten die Freiheit des Waldes, der ihnen eine zweite Heimat war.

## *Nicht dieses Kind von diesem Mann*

Heiß und schwül war der Sommertag. Erbarmungslos brannte die Sonne aus tiefblauem Himmel herab auf Mensch und Tier, auf Blumen und Pflanzen, auf die Früchte, die zu reifen begannen. Ich wollte gerade die Straßenseite wechseln, als Anette, dieses liebenswerte junge Mädchen, dem ich einst zur großen Freude seiner Eltern zum Leben verholfen hatte, auf mich zukam. Ich sah Anette vor mir: Damals, als sie uns das Leben schwer gemacht hatte durch Unpässlichkeiten leichterer und ernsterer Art, so dass wir buchstäblich öfter als einmal im Kampf mit dem Tode lagen. Doch das Kind blieb zur Freude seiner Eltern am Leben, die sich ständig um es sorgten.

Dass sie heute Schweißtropfen auf ihrer Stirne trug, war wohl der ungewöhnlichen Hitze anzulasten, so dachte ich zunächst. Doch ihr ungewohnt blasses Gesicht fiel mir auf und veranlasste mich zu der Frage: »Bist du krank, Anette, fühlst du dich nicht gut?« Ein paar große Augen sahen mich traurig an: »Nein, krank bin ich nicht, aber …« Es entstand eine kurze Pause, nach der Anette antwortete: »Ich bekomme ein Kind, und meine Mutter kann die Schmach, die ich ihr als uneheliche Mutter antue, nicht verkraften. Es ist gut, dass Vater das nicht mehr miterlebt. Er wäre sehr unglücklich gewesen.« Anette wischte sich die Tränen ab, die ihr bei diesem Bekenntnis über die Wangen rollten. »Ich habe so viel zu erzählen und so viele Fragen«, sprach sie weiter, »ich komme mit meiner Situation nicht zurecht. Ich werde Sie bald einmal aufsuchen, vielleicht können Sie mir raten oder helfen.«

Aber es gab diese Gelegenheit nicht mehr, denn das Kind drängte mit aller Macht, ans Licht der Welt zu kommen. Die werdende Mutter befand sich in einer verzwickten Situation, wie sie selber sagte, weil sie das Produkt dieses Mannes, dessen Namen sie nicht nannte, auf keinen Fall annehmen wollte. Es war keine gute Voraussetzung für den Verlauf der kommenden Geburt. Wir würden beide den Vorgang mit viel Geduld zu Ende bringen müssen, und ich werde alles tun, um dieser Mutter ein lebendes, gesundes, wenn auch unerwünschtes Kind in die Arme zu legen.

Auf allerhand widrige Dinge war ich vorbereitet, doch es kam viel schlimmer, als ich es mir vorgestellt hatte. Die Krankenhausaufnahme wurde trotz Anettes massiver Gegenwehr vorbereitet, und damit begannen die Schwierigkeiten. Ihre unruhigen Augen, die feuchten Hände sprachen für sich. Anettes klare Stimme hatte ihren guten Klang verloren, sie war rau und stockend geworden. Was wird in der Seele dieser jungen Frau vorgegangen sein, mit welcher unaussprechlichen Angst mag sie meine Vorbereitungen verfolgt haben. Sie war eine verstörte werdende Mutter, die ihr Kind nicht haben wollte und es dennoch zur Welt bringen musste. Das war eine scheinbar unzumutbare Situation, doch ich wusste aufgrund meiner Erfahrungen, dass auch ein solches Kind angenommen und mit Liebe umgeben werden konnte und dass die Widrigkeiten um sein Dasein schnell vergessen waren. Ein tröstlicher Gedanke.

Es war ein Sonntagmorgen, und die große Hitze dieser Tage hatte sich durch ein nächtliches Gewitter ein wenig gelegt. Es war nun etwas kühler, gerade im Kreißsaal, der bei großer Hitze einem Backofen glich, war es einigermaßen erträglich geworden.

Seit Stunden bemühte ich mich um Anette, um sie zur Ruhe und Gelassenheit zu bringen, damit sie die Dinge so sähe, wie sie nun einmal waren, später könnte man über alles Weitere sprechen. »Es findet sich immer eine Lösung«, tröstete ich sie. Über den Erzeuger des Kindes schwieg Anette beharrlich. Meinen vorsichtigen Fragen wich sie aus. Sie wollte kein Gespräch über diesen Mann, der immerhin der Vater ihres Kindes war, auch wenn sie dies nicht wahrhaben wollte. An die Eintragung in das Geburtsregister dachte ich mit einem unguten Gefühl. Es sollte nicht meine Sorge sein, denn Anette wird Dr. Neumann, den Freund ihrer Familie, der auch Belegarzt des Krankenhauses war, den Namen des Kindsvaters nennen, dachte ich.

Weit gefehlt. Es gab eine böse Überraschung, als Dr. Neumann, der nicht nur als Arzt, sondern auch als Psychologe einen guten Ruf hatte, an Anettes Bett trat. Mit beruhigenden Worten sprach er auf sie ein, die er als Kind schon umsorgt hatte, doch als er sie berühren wollte, geschah das für uns Unbegreifliche. Anette riss plötzlich erschreckt ihre Augen auf und schrie wie ein Tier, das sich in Todesangst befindet. Die Hände an sich gepresst lief sie zur Tür, sie wollte fort aus dieser Umgebung, die ihr vermutlich höchst unangenehme Dinge in Erinnerung brachten. Leichenblass stand sie schließlich stumm mit großen Augen vor uns, um dann erschöpft auf das Kreißbett zuzugehen, als hätte sie einen bösen Traum gehabt, aus dem sie eben erwacht war.

Nachdem soeben Erlebten waren wir alle wie gelähmt. Selbst der Arzt wusste keine Erklärung für diesen Ausbruch, der etwas Unnatürliches an sich hatte. Wir standen vor einem Rätsel. Um es lösen zu können, musste man wohl Anettes Vergangenheit genauer erforschen. Der Arzt verließ mit seinem Gefolge den Kreißsaal aber nicht, ohne mir noch zu sagen: »Lassen wir sie in Ruhe, und wenn sie mich brauchen, bin ich jederzeit zu erreichen.« Die werdende Mutter, erschöpft von ihrem Ausbruch, lag stumm in den Kissen, die großen Augen zur Decke gerichtet, ein jagender Puls zeugte von höchster Aufregung und schwerster Anstrengung.

Wie sollte das noch weitergehen, wenn sie nicht sprechen wollte, war meine Überlegung, und wie und mit was konnte ihr geholfen werden. Ich war ziemlich ratlos. Die Geburt kam wohl aufgrund der ungewöhnlichen Vorkommnisse zu einem längeren Stillstand, der Anette etwas Ruhe und Entspannung brachte. Ein kostbares Geschenk der Natur.

Nach ein paar Stunden hatte sie sich so weit erholt, dass ich wieder Kontakt zu ihr aufnehmen konnte. Den vergangenen Vorfall konnte sie nur in ihrem Unterbewusstsein nachvollziehen. »Es war wie ein böser Traum«, erzählte sie mir, den sie nicht so recht in ihre Gedanken einordnen konnte. Ich war mir sicher, dass es in Anettes Leben einen Zwischenfall gegeben hatte, der sie zutiefst bewegte, über den sie nicht sprechen konnte oder wollte und der eine tiefe Verletzung ihrer Seele hinterlassen hatte. War der Mann, dessen Kind sie erwartete, die Ursache dieser Katastrophe?

Das waren Fragen, die nur Anette selbst beantworten konnte. Ich war mir sicher, dass sie nur durch ein Gespräch mit einem Menschen, dem sie ganz vertraute, die Spannung in ihrem Innern würde lösen können. Sie würde dann vielleicht den Konflikt oder das Ereignis ohne Widerspruch in ihr Leben aufnehmen. Nach einer guten Stunde stellte ich Anette die Frage: »Möchtest du nicht doch mit Dr. Neumann über deine Probleme sprechen, ihm anvertrauen, was dich seelisch so belastet? Ich verspreche mir sehr viel von einem solchen Gespräch.«

»Nein, mit keinem Mann, auch nicht mit Dr. Neumann.« Diese Worte waren ganz bestimmt und sehr überlegt gesprochen. Hier gab es vielleicht einen Ansatz zum Erfolg? Es hieß also abwarten, bis sie von selbst zu einer Aussprache, wohl am ehesten mit einer Frau ihres Vertrauens, bereit sein würde. Ich setzte alle Hoffnung auf das Kind, das, wenn es einmal da wäre, andere Überlegungen mit sich bringen und Anette vielleicht dazu bewegen würde, Frieden in ihre Seele zu bringen, denn nur eine ausgeglichene, mit sich selbst einige Mutter dient dem Wohle des Kindes.

Viele Stunden stand ich nun schon an Anettes Kreißbett und immer mehr hoffte ich auf ein befreiendes Gespräch. Doch nichts geschah, noch nicht. Mit einem Mal stellte sie an mich die Frage. »Werden Sie mir helfen, das Kind irgendwo unterzubringen? Bitte!«

»Ich helfe dir gerne, Anette, aber ich glaube, du wirst es, wenn es erst da ist, nicht mehr in fremde Hände geben wollen. Du wirst es lieben, wie es alle Mütter tun, weil es dein Kind ist, das deine Fürsorge braucht«, antwortete ich.

»Nein«, sagte sie, »ganz bestimmt nicht dieses Kind von diesem Mann, niemals!«

Die Nacht zog herauf, dunkle Gewitterwolken standen am Himmel, die ein schweres Unwetter ankündigten. Die Wolkenwand rückte immer näher, plötzlich schienen sich alle Schleusen des Himmels zu öffnen. Unter Blitz und Donner, dem Ausbruch aller Naturgewalten, kam Anettes Kind auf diese Welt. Ein gesunder Bub, der trotz oder wegen seiner Ablehnung durch seine Mutter und Großmutter am Leben blieb. Weder der seelische Zusammenbruch seiner Mutter noch die lange Geburtsdauer noch die Nabelschnurumschlingung hatten ihn daran hindern können, lebend und gesund geboren zu werden. Ein sehr erwünschtes, mit Freude erwartetes Kind hätte mit solchen Widrigkeiten vielleicht Probleme gehabt. Doch dieses Kind blieb am Leben, obwohl ein Kinderheim oder eine Pflegestelle vorprogrammiert war.

Anette schloss die Augen, als ich das Kind hochhob, um es ihr zu zeigen. Sie wehrte ab, sie wollte es nicht sehen. Doch ich gab nicht auf. Meine Erfahrung hatte mich gelehrt, dass die Bindung zwischen Mutter und Kind Grenzen überschreiten und das Unmögliche möglich machen kann. Das Kind war frisch gebadet. Ich nahm einen zweiten Anlauf und legte den Kleinen, als sei es die natürlichste Sache der Welt, der Mutter in den Arm. Ich war auf eine heftige Reaktion vorbereitet. Doch nichts geschah. Anette betrachtete nach anfänglichem Unmut lange ihr Kind, manchmal stirnrunzelnd, aber ohne Abwehr. Interessiert bewegte sie die kleinen Hände, welche, in der ihnen eigenen, angeborenen, Schutz suchenden Reaktion, einen Finger der Mutter suchten und festhielten. Mir war, als sei in Anettes Gesicht ein kleines Lächeln zu erkennen gewesen, und ich wusste, dieses Kind war doch angenommen, trotz der vorausgegangenen Schwierigkeiten, die sein Kommen hervorgerufen hatten.

In solchen Augenblicken kann man auch als Hebamme von einem Glücksgefühl erfüllt sein, das einen hoch befriedigt, und man empfindet für diesen Beruf Dankbarkeit und Freude, die es sonst nur selten geben kann. Anette war nach der Geburt ihres Kindes in einer relativ guten seelischen Verfassung. Über den Vater des Kindes schwieg sie jedoch nach wie vor. Die Zeit drängte, und die standesamtliche Meldung stand an. Wird sie den Kindsvater nennen? Eine für das Kind weitreichende Überlegung, die viele uneheliche Mütter betrifft, die auch und vor allem den finanziellen Unterhalt des Kindes im Vordergrund sehen. Doch Anette befand sich in einem gehobenen Wohlstand, die Geldfrage war kein Thema. Ihr Vater hinterließ ihr nach seinem Tod ein ansehnliches Vermögen.

»Muss ich den Vater meines Kindes nennen?«, fragte sie mich eines Tages. »Es kann dich niemand dazu zwingen«, gab ich ihr zur Antwort, »doch der Nachteil muss gut überlegt sein. Dein Kind hat, rechtlich gesehen, keinen Vater, und das ist keine gute Ausgangsposition für das Kleine. Diesen Schritt solltest du dir gut überlegen, bevor du ein ›Nein‹ dahintersetzt.« Eine lange Pause folgte unserem Gespräch. Aber dann war es so weit, Anette war bereit, mit mir über ihre Konflikte zu sprechen. Ganz ruhig erzählte sie; sie schien auf dieses Gespräch inzwischen vorbereitet zu sein. Ein wohlhabender, angesehener Bürger der Stadt war der Vater ihres Kindes. »Aber das ist noch nicht das Wesentliche«, erklärte mir Anette. »Wissen Sie, warum ich mit Dr. Neumann über meine Probleme nicht sprechen will?«, fuhr sie fort. Wieder entstand eine Pause, in der ich sie fragend beobachtete. Dann fuhr sie fort: »Ich schätze Dr. Neumann sehr, aber auch er ist ein Mann, der vermutlich schwer nachvollziehen kann, was es bedeutet, wenn eine Frau vergewaltigt wird.«

Nun war das Ungeheuerliche ausgesprochen, und mir fehlten vorerst die Worte. Warum erwähnte sie es so beiläufig, dieses verhängnisvolle Wort. »Weißt du, was du da sagst?«, ermahnte ich Anette. »Vergewaltigung ist ein Verbrechen, das hohe Strafen nach sich zieht. Du müsstest von Rechts wegen Strafanzeige erstatten. Kannst du das wirklich?« Es schien mir, als hätte sie nun doch Zweifel an dieser schweren Unterstellung. »Eine Vergewaltigung geschieht in bösem Sinne in absolut verwerflicher Absicht. War es so?«, fragte ich sie. Nachdenklich sah mich Anette an, um dann zu antworten: »Ich weiß es nicht, ich weiß es wirklich nicht.«

Mit dieser zweifelnden Aussage war eine Vergewaltigung schwer vorstellbar. Anette hatte vielleicht überreagiert. Doch nun wurde von diesem Vorfall nicht mehr gesprochen. Jetzt, da das Kind auf der Welt war, wurde alles andere zweitrangig. Der Bub wurde der Mittelpunkt, um den sich bei Mutter und Großmutter alles drehte. Ein schlimmes Kapitel in Anettes Leben war nun abgeschlossen. In den Akten des Geburtsregisters ist der Name von Roberts Vater nicht zu finden. Statt dessen bat Anette um den Vermerk: »Die Kindsmutter ist nicht bereit, den Namen des Kindsvaters zu nennen.« Damit hatte Anette auf alle finanziellen Ansprüche für sich und ihr Kind verzichtet.

Der kleine Robert wuchs auch ohne Vater wohl behütet heran und wurde von Mutter und Großmutter gleichermaßen geliebt. Eine strahlende Anette und ihr dreijähriger Robert kamen einmal auf der Straße auf mich zu. Sie brauchte gar nichts zu erzählen, denn ihr Gesicht verriet alles. Sie war eine glückliche Mutter, deren Kind zum Sonnenschein ihres Lebens geworden war. Der gut aussehende Mann im Hintergrund, der soeben sein teures Auto verließ, sah minutenlang interessiert in unsere Richtung, um sich dann noch einmal umzudrehen und schließlich seinen Weg in entgegengesetzter Richtung fortzusetzen. Niemand außer mir hatte das bemerkt. Und es war gut so.

## *Ein zerstörtes Leben*

Therese, eine geschundene junge Frau, kam mit ihrer Ehe, in die sie so viel Hoffnungen gesetzt hatte, vom Regen in die Traufe. Als Kleinkind hatte sie in der zweiten Ehe ihrer Mutter keinen Platz. Der Mann, der ihr Stiefvater geworden wäre, weigerte sich, dieses uneheliche Kind in seine neu zu gründende Ehe mitzunehmen, und stellte seine künftige Frau vor die Entscheidung: »Ich oder das Kind, das ist mein letztes Wort.« Thereses Mutter erbat sich noch einmal Bedenkzeit, um die Entscheidung zu überdenken, die Thereses Trennung von ihr voraussetzte. Sie wird wohl einen schweren Kampf mit sich selbst geführt haben, hin- und hergerissen von Muttergefühlen und dem Wunsch, eine beständige Heimat bei diesem Mann zu finden. Sie wird sich nach durchweinten schlaflosen Nächten zu dem Entschluss durchgerungen haben, ihr Kind dem Mann zuliebe aufzugeben, um für sich selbst einen neuen Anfang zu haben. Eine Entscheidung, die viele Mütter, wenn sie diese Geschichte lesen, nicht verstehen werden, weil Thereses Mutter einen Mann über ihr Kind stellte. Mit dieser Entscheidung würde sie nun leben müssen, auch wenn die Sehnsucht nach ihrem kleinen Mädchen übermächtig werden und es niemanden geben würde, mit dem sie darüber hätte sprechen können.

Das Jugendamt nahm sich des nun heimatlosen Kindes an, gab es in häufig wechselnde Pflegestellen, bei denen das Pflegegeld die herausragende Rolle spielte, und nicht selten vor allem zur Aufbesserung des Lebensstandards diente. Nach Vernachlässigung und sogar Unterernährung des Kindes wurden solche Pflegeplätze durch neue ausgetauscht, die sich wiederum als ungeeignet erwiesen, weil dort die Prügelstrafe als Erziehungsmittel eingesetzt wurde. So wurde Therese hin- und hergeschoben. Die Frage, »Was wird denn für das Kind bezahlt?«, entschied so oft über das Wohl und das Weh des Kindes. So war das kaum begonnene Leben der kleinen Therese schon mit einer schweren Hypothek belastet, weil Zuneigung und Geborgenheit fehlten, die wichtigsten Voraussetzungen für das Leben. Doch dann ergab sich für die Kleine doch noch eine Wende zum Guten.

Wiederum stand ein neuer Pflegeplatz an, ein kleiner bäuerlicher Betrieb nahm das Kind auf, weil sich sonst keine geeignete Bleibe finden ließ. Nanni, die Bäuerin, meinte, als die Vierjährige gebracht wurde: »Bist a armes Hascherl, weil du allerweil umananda geschobn wirst, von einem Platz zum andern, und keiner mag dich so recht. Bei uns kannst bleiben, und wir werden dich schon mögen. Unsere Kinder sind eh schon groß und auf eins mehr oder weniger kommt's net an.« Base Emma, die zugehört hatte, nahm die kleine Therese an die Hand und führte sie in ihre Kammer mit den Worten: »Des Dirndl bleibt bei mir, denn hinten in der Kammer so allein, da fürcht es sich. Wir zwei vertragen uns schon, gell, Therese?« Und dabei blieb es. Es entstand eine enge Verbindung zwischen den beiden. Von diesem Tag an war das Kind unter Base

Emmas besonderen Schutz gestellt. Der kleinen Therese waren Base Emma und ihre Kammer Zufluchtsort und Heimat geworden, die Wärme und Licht in ihr junges Leben brachten.

Es war eine lange Geschichte, die mir Therese nach der Geburt ihres ersten Kindes erzählte. Die Worte kamen stockend und manchmal verlor sie den Faden, hatte Mühe, den Satz zu Ende zu bringen. Mit ihrer Konzentration schien sie Probleme zu haben. Erst viel später erfuhr ich, welche Bewandtnis Thereses Konzentrationsschwäche, ihr manchmal etwas unkontrolliertes Sprechen, hatte, was es bedeutete, dass sie bisweilen den Zusammenhang verlor. Ich hörte zu, ohne sie zu unterbrechen, und hatte das Gefühl, dass diese Aussprache für sie sehr wichtig war.

Jeden Tag des Wochenbettes erzählte sie mir eine andere Begebenheit, Gedanken, Erlebnisse, an die sie sich bis in ihre frühe Kindheit hinein erinnern konnte. Der Tod von Base Emma, ihrem liebsten Menschen, wurde für Therese zum größten Schmerz ihres bisherigen Lebens. Sie fühlte sich ohne ihre Emma verlassen, ohne Schutz und Hilfe, sehr allein. »Wenn du glaubst«, so sprach sie weiter, »dass meine Emma schön gewesen sei, nein, schön war sie nicht, meine geliebte Emma, nein, wirklich nicht.« Sie sei mit ihren sechzig Jahren eine sehr alte Frau gewesen, erzählte sie. Der Mittelscheitel ließ ihr Gesicht fast streng erscheinen, der dünne geflochtene Zopf sah wie ein Mäuseschwänzchen aus und war mit einer Haarnadel zu einem winzigen Knoten aufgesteckt. Nach dem Verlust ihrer Zähne blieb Base Emma zahnlos für ihr weiteres

Leben. Dass die kranken Beine schwer beweglich waren und ihre Kleider durchwegs eine dunkle Farbe hatten, gehörte zu ihrer Erscheinung. »Aber sie war meine Base Emma, die ich so lieb hatte, wie sie war«, sagte Therese zum Abschluss. Bei dem Gedanken an diese liebenswerte Base Emma, die ihr mütterlichen Schutz und Zuwendung gab, die für sie der unumstrittenste, beste und klügste Mensch dieser Erde gewesen war, dem ihre ganze Liebe gehörte, erhellte sich ihr Gesicht.

Jahre vergingen. Therese war glücklich, für sich und ihren Ehemann eine neue Heimat gefunden zu haben. Aus der Not ihrer Einsamkeit heraus hatte sie diesen ebenfalls heimatlosen Mann geheiratet, der seine Jugend im Heim für schwer erziehbare Jugendliche verbracht hatte und der als wenig friedfertig galt. Therese glaubte, dass das Gute in ihm durch die Zweisamkeit im eigenen Heim ganz sicher die Oberhand gewinnen würde. Ein karger Raum, mit ausrangierten Möbeln ausgestattet, bot der kleinen Familie Wurzecker ein äußerst bescheidenes Zuhause.

An einem stürmischen Februartag wurde das erste Kind von Therese und Meinrad geboren. Regen und Schnee peitschten in dieser Nacht an das einzige Fenster, und der Sturm rüttelte daran, so dass die verblichenen Vorhänge in der Zugluft flatterten. Eine trostlose Umgebung und eine mit starken Wehen kämpfende werdende Mutter, die Selbstgespräche führte und auf meine Frage, wo ihr Mann denn sei, nur mit den Schultern zuckte. Es gab also niemanden, der mir zur Hand gehen, der mir Wasser vom Ziehbrunnen holen würde, der auch sonst bereit gewesen wäre, die nervlich angeschlagene Therese zu trösten, ihr beizustehen in den immer häufiger kommenden Wehen.

Dann endlich war es da, dieses arme Geschöpf, das unter Umständen den gleichen Schicksalsweg gehen würde, den auch seine Mutter gegangen war. Unterprivilegiert, mit eingeschränkten geistigen Fähigkeiten, mit denen sie sich in der Gesellschaft keinen rechten Platz würde schaffen können. Nun wurde die Familie unter diesem bescheidenen Obdach um ein Kleinkind erweitert, das seine Ansprüche auf Nahrung und ein kleines Plätzchen stellen würde. Es wurde eng in der Stube.

Therese, die sich Mühe gab, ein wenig Wohnlichkeit in diese Umgebung zu bringen, scheiterte an der sturen Haltung ihres Mannes, dessen Befehle scheinbar auch in den kleinsten Nebensächlichkeiten galten. Als ich am dritten Wochenbetttag die Stube betrat, stand Therese weinend vor der gähnend leeren Ecke, in der gestern noch die Betten gestanden hatten. Ein absurder Einfall ihres Mannes, der keine Begründung für seine Entscheidung nennen konnte, war es, jeden Morgen die Betten zu zerlegen und samt Inhalt an die rückwärtige Außenseite des Hauses zu lehnen, um sie am Abend wieder aufzubauen. So hatte Therese keine Gelegenheit, sich tagsüber hinzulegen, um sich ein wenig auszuruhen.

Der vierte Wochenbetttag brachte eine neue Überraschung. In der kalten, ungemütlichen Stube bemühte sich Therese in Mantel und Kopftuch, Feuer zu machen. Dabei versuchte sie einen längeren Ast, dessen Vorderteil in der Feuerung steckte und dessen stärkeres Ende in die Stube ragte, mit einem Tischmesser durchzuschneiden. Das spärliche Flämmchen drohte zu verlöschen, weil Therese es nicht schaffte, rechtzeitig Holz nachzulegen. Ein Unterfangen, an dem man verzweifeln musste. »So geht es nicht«, meinte ich zu ihr, »das ist Arbeit für Meinrad, deinen Mann. Warum hilft er dir nicht und macht Brennholz für dich und das Kind?«

»Ja mei, der Meinrad«, war ihre viel sagende Antwort. Auf meine Bitte schickte die Harrerbäuerin den Hiasl, den Knecht, zum Holzhacken in das gemeindliche Gebäude. Der Zeitpunkt war schlecht gewählt, denn unerwartet kam Meinrad, der wieder einmal arbeitslos geworden war, nach Hause. Ein unangenehmer fünfter Wochenbetttag für mich, an dem ich die Auseinandersetzung der beiden Männer erleben musste. »Verschwind von dem Platz!«, war Meinrads erste Reaktion, als er den Hias bei seiner Arbeit sah und die Holzscheite auf ihn zuflogen. »I geh, wann es mir passt!«, war die Antwort, die nichts Gutes ahnen ließ. »Verschwind, sag i!«, wiederholte Meinrad seine Aufforderung. »Wenn dir was net passt, dann geh her«, forderte der Hias sein Gegenüber heraus und ging einen Schritt auf ihn zu. »Ah was«, überlegte er sich dann, »dich lang ich net an, sonst bleibt von dir nix mehr übrig, du windigs Mannsbild, stinkst eh vor lauter Faulheit!« Es waren harte und drohende Worte, die Meinrad zu hören bekam. Dieser schien peinlich berührt, weil ich Zeuge der Auseinandersetzung wurde, als ich zur Wochenpflege kam und mein Fahrrad gerade am Kastanienbaum abstellte.

Nach mehreren Monaten besuchte ich Therese in ihrer armseligen Behausung wieder. Sie erwartete ihr zweites Kind, bei der Schwangerschaft gab es Probleme. Aus müden, rot geschwollenen Augen sah sie mir entgegen, und die blauen Flecken im Gesicht und an den Armen sprachen für sich. Aber auch bei den kahlen Stellen in ihrem sonst vollen Haar war nicht schwer zu erahnen, woher sie stammten. Therese wurde offensichtlich misshandelt. Meinrad lümmelte sich auf dem Bett in der Stubenecke herum. Es war ein Monstrum von Möbelstück, das einen großen Teil der Stube ausfüllte und für diese Umgebung weder passend noch zweckmäßig war. Es war aber zu dieser Zeit modern und sollte wohl einen gewissen Glanz in die Trostlosigkeit bringen. In den Augen der misshandelten Therese stand alles Leid ihrer Seele. Ein brutaler Ehemann hatte sich an seiner wehrlosen Frau vergriffen, um seine Aggressionen, seine Wut und seine Unfähigkeit abzubauen. Ein trauriger Anblick, diese beiden Menschen.

Auch die kleine Anna machte erschreckte Augen und fing an zu weinen, wenn der Vater in ihre Nähe kam. Das Verhalten des Kindes sprach ebenfalls eine deutliche Sprache, fast mehr als Thereses verletzter Körper und ihr beredtes Schweigen.

Ein Mann peinigte seine Familie, wie er vermutlich selbst in seiner Kindheit und seinen Jugendjahren herumgestoßen und misshandelt worden war. Nun rächte er sich auf seine Weise an Menschen, die ihm wehrlos ausgeliefert waren, für die er eigentlich Verantwortung tragen sollte, denen er verpflichtet war.

Ich stand trotz vieler trauriger Erlebnisse in meinem Beruf ganz geschockt vor dem, was sich in diesem armseligen Haus ereignet hatte. Es war mir nicht möglich, rechtlich etwas zu unternehmen, denn Therese behauptete steif und fest, dass ihr Mann weder bei ihr noch bei der kleinen Anna gewalttätig geworden sei. Ich wusste es zwar besser, doch Thereses Aussage stand dagegen, und man konnte sie nicht zwingen, etwas anderes zu sagen. Eine verzwickte Lage, der ich trostlos und ratlos gegenüberstand.

Eine blutende Wunde auf Thereses Stirn brachte das Fass schließlich zum Überlaufen. »Bitte setzen Sie sich, ich habe mit Ihnen zu reden«, sagte ich zu dem verdutzten Meinrad. Ich hatte nicht erwartet, dass er meiner Aufforderung nachkommen würde, und war erstaunt, als er dies doch tat. Schuldbewusst sah er mich an, als er antwortete: »Damit Sie es wissen, ich brauche mir von Ihnen nichts sagen zu lassen.« Es war ihm anzusehen, dass diesem herrischen Mann nicht wohl war in seiner Haut und dass er kein Gespräch mit mir wünschte.

Therese verkroch sich angstvoll in eine Ecke und weinte. Sie tat mir aus tiefster Seele Leid, aber diese Auseinandersetzung musste es geben, es war höchste Zeit, ich war dazu verpflichtet, bevor noch Schlimmeres geschehen würde. Meinrad sah mir, geduckt wie ein Tier, das zum Sprung ansetzen will, mit unruhigen Augen entgegen, als ich zu sprechen begann: »Ich rate Ihnen dringend, sich nicht noch einmal an Therese zu vergreifen. Es könnte höchst unangenehm für Sie werden. Ihr brutales Verhalten ist durch nichts zu rechtfertigen.

Und noch etwas: Sollte der kleinen Anna auch nur das Geringste geschehen, dann melde ich mich sofort bei den Behörden zu Wort, denn auch meine Aussage hat dort Gewicht, nicht nur die der offensichtlich unter Ihrem Druck stehenden Therese.«

»Sie können mir nichts, rein gar nichts beweisen«, war seine Antwort.

»Unterschätzen Sie mich nicht, meine Aussagen werden vor Gericht sehr ernst genommen«, gab ich ihm zu verstehen. Später sollte es so kommen, wie es kommen musste.

Zur Geburt des zweiten Kindes kam ich wieder in die Stube, die mir allzu gut bekannt war. Meinrad hatte sich, um dem Geschehen zu entgehen und um mir auszuweichen, in die Kneipe zurückgezogen. Es war Nacht, und die kleine Anna schlief in ihrem Bettchen. Um das Kind nicht zu wecken, verbiss sich Therese den Wehenschmerz. Es sollte wenn irgend möglich, von dem Vorgang nichts mitbekommen, denn es gab niemanden, der sich seiner angenommen hätte. Schweiß und Tränen liefen dieser gemarterten Mutter über das Gesicht, als sie sich bei den furchtbaren Wehen an mich klammerte, um nicht schreien zu müssen. Ein armes, geplagtes Wesen, das das Kind eines gewalttätigen Mannes gebären musste, der weder Zuneigung noch Freude kannte.

Ein zweites Mädchen wurde in dieses Elend hineingeboren, ein Kind, das wenig Aussicht auf ein geordnetes Leben haben, das die zerrütteten Familienverhältnisse seiner Eltern mittragen würde, wenn nichts geschah, das zu einer Änderung dieser Situation führte. Aber da war immerhin ein kleines

Lächeln in Thereses Gesicht, als ich ihr das Kind in den Arm legte.

War es Freude über das gesunde Mädchen oder das Erlöstsein von den unterdrückten Schmerzen, die sie mehrere Stunden gefangen gehalten hatten? Es war schwer zu sagen, denn Therese gab keinen Einblick in ihre Seele. Die restliche Nacht blieb ich bei ihr.

Beim Morgengrauen stapfte Meinrad in die Stube, schwer angetrunken, so dass eine Aussprache mit ihm unmöglich war. Erst im Laufe des Tages, als ich noch einmal nach Mutter und Kind sehen wollte, war er so weit ansprechbar, dass ich ihm sagen konnte, was notwendig war. Meine Vorhaltungen gefielen ihm natürlich auch diesmal nicht. »Da Sie ja wieder einmal arbeitslos sind«, wies ich ihn zurecht, »haben Sie Zeit, sich um Ihre Frau und die Kinder zu kümmern, so wie es sich gehört und wie es alle Väter tun. Und noch einmal sage ich Ihnen, hüten Sie sich, gegen Ihre Frau oder das Kind gewalttätig zu werden.«

»Das ist eine Unterstellung, ich und gewaltsam werden, das brauch ich mir net sagen lassen!«, schrie er zurück. »Warten wir es ab«, erklärte ich ihm, »unterschätzen Sie mich nicht. Das habe ich Ihnen schon einmal gesagt.«

Die Tage des Wochenbettes gingen ohne besondere Vorkommnisse zu Ende. Ich verließ mit einem sehr unguten Gefühl diese Wohnung. Unbewusst glaubte ich zu spüren, dass sich bei Therese und Meinrad eine einschneidende Änderung ihrer Lebensverhältnisse ergeben würde, und das sicher nicht im guten Sinne.

Nach einigen Wochen kam von Therese ein verzweifelter Anruf. »Anna, mein Kind, ist weg. Man hat sie mir weggenommen, meine Anna!« Etwas ratlos überdachte ich diesen Anruf und musste kurz darauf erfahren, dass das Jugendamt sich des Kindes angenommen hatte, weil Nachbarn bezeugt hatten, dass die kleine Anna von ihrem Vater misshandelt wurde. Thereses Widerspruch und ihre Beteuerungen, das Kind wäre bei ihr und ihrem Mann in den besten Händen, wurde von diesen Zeugen widerlegt.

Die Tränen, die die Mutter um ihr Kind weinte, das ihr zwangsweise genommen wurde, wird jede Mutter nachvollziehen können. Doch Recht und Gesetz sprechen oft eine Sprache, in der es kein Mitleid gibt. Als etwas später auch noch die kleine Angelika von Amts wegen in einer Pflegestelle untergebracht wurde, war Therese wie von Sinnen. »Es sind meine Kinder«, schrie sie, »verstehen Sie das nicht, sie gehören mir, mir ganz allein.« Ihre Anrufe bei mir waren erschütternd, als sie schreiend und weinend berichtete. »Anna und Angelika haben sie mir weggenommen, einfach so, von heute auf morgen. Nun hat mich auch noch Meinrad verlassen. Alle sind sie weg, alle sind sie fort. Ich habe alles verloren, bitte kommen Sie. Ich bin am Ende, ich kann nicht mehr!«

Bei meinem Eintritt in die Stube saß Therese einsam, völlig allein auf dem unmöglichen Bett, das den Jammer dieses Raumes noch unterstrich. Als ich auf die Verzweifelte zuging, glaubte ich fast, eine fremde Person vor mir zu haben. War das noch Therese, die mir ihre Lebensgeschichte erzählt hatte, von ihrer geliebten Base Emma, die ihr so viel bedeutet hatte, die der einzige Halt in ihrem jungen Leben gewesen war. Ein armseliges Häufchen Elend saß vor mir im unordentlichen Kleid, mit wirren Haaren und ausdruckslosem Gesicht, dem jede seelische Regung zu fehlen schien. Therese war ernsthaft gefährdet, ihre Psyche schwer angeschlagen, sie war auf dem Nullpunkt angekommen. Nun gehörte sie in ärztliche Hände, die sie hoffentlich vor dem endgültigen Zusammenbruch bewahren konnten.

Doch trotz langer psychiatrischer Behandlung wurde Therese geistig nicht mehr gesund. Mitverantwortlich dürften die Verletzungen des Kopfes gewesen sein, die sie durch die Stürze und Misshandlungen in ihrer Kindheit erlitten hatte und die die spätere Konzentrationsschwäche zur Folge hatten. Am schwersten aber trug sie an den Misshandlungen ihres Mannes, die sie schweigend hingenommen und wegen derer sie nicht einmal die Hilfe anderer Menschen gesucht hatte. Der Verlust ihrer über alles geliebten Kinder war dann wohl der auslösende Faktor ihres endgültigen Zusammenbruchs.

Therese kam in ein psychiatrische Anstalt, in der ihr durch eine Arbeitstherapie geholfen wurde, aus ihrer Umnachtung freizukommen. Die Erinnerungen an ihre beiden Kinder Anna und Angelika sowie an ihren Ehemann Meinrad waren wie ausgelöscht. Nur Base Emma blieb in ihrem Herzen und in ihren Gedanken, und sie erzählte mir, dass Emma der liebste und beste Mensch sei, den es nur einmal gäbe. »Sie hat mich erst gestern besucht«, sprach sie in ihrer Verwirrtheit weiter. »Es war eine lange Reise, hat sie mir erzählt, meine Emma.«

Warum sie außer ihren Pflegern nur mich erkannte, blieb ein Rätsel. Die näheren Umstände unserer Beziehung konnte sie nicht einordnen. War ich für sie eine zweite Base Emma, die ihr ein wenig Schutz, ein bisschen menschliche Wärme gegeben hatte? Wenn ich das wüsste, dann wäre das der schönste Dank für meine Sorgen um Therese. Es wäre eine jener glücklichen Begegnungen gewesen, die mein Leben so reich und erfüllt gemacht haben. Therese hatte in ihrem Leben nie Liebe erfahren dürfen. Herumgestoßen in Pflegeplätzen, misshandelt von ihrem Ehemann war sie für die kleinste Zuwendung, die ihr entgegengebracht wurde, unendlich dankbar. Es war eine traurige Erfahrung für mich, dass eine Mutter, die zwei gesunden Kindern das Leben geschenkt hatte, ihre Liebe zu ihnen nicht weitergeben durfte.

Thereses Familie, auf die sie all ihre Hoffnung gesetzt hatte, war zerfallen, was blieb, war ein Haufen Scherben. Meinrad, ihr Ehemann, galt als verschollen, und aus den beiden Mädchen ist trotz Jugendamt und Pflege auch nichts Rechtes geworden. Sie selbst ist nach mehreren Jahren geistiger Verwirrtheit heimgegangen, von niemandem betrauert, von niemandem vermisst. Ihre Kinder kannten ihre leibliche Mutter kaum, und eine geistig Verwirrte lehnten sie ab. Thereses Schicksal ist mir sehr nahe gegangen. Es war mir ein Bedürfnis, es in meine Erinnerungen aufzunehmen und niederzuschreiben.

## *Ein Kuckucksei*

Wenn meine Gedanken in die Nachkriegszeit zurückgehen, in die Zeit des Hungers, der absoluten Armut, der Flüchtlingsströme, der Menschen, die ein Dach über ihrem Kopf suchten, und an die Kinder dieser Vertriebenen, die mit großen Augen in eine ihnen fremde Welt blickten, müde, hungrig, nicht wissend, was auf sie zukommen würde, dann sehe ich diese Zeit noch so deutlich vor mir, als sei es erst gestern gewesen. Besonders junge Menschen glauben zwar, dass diese Geschehnisse der Vergangenheit angehören, weil doch alles weit zurückläge, dem ist aber nicht so.

Frau Watzlik war einer dieser unglücklichen Menschen, die ein Zuhause suchten und nicht wussten, wohin. Damals sah ich Frau Watzlik das erste Mal, als sie mich nach dem Weg fragte. Ich wusste damals noch nicht, dass ich sie und ihre Familienverhältnisse aus allernächster Nähe kennen lernen sollte. Mit vier Kindern und einem fünften, das unterwegs war, kam sie mit einem Flüchtlingstrack hierher. Dass ihr Ehemann sie und ihre Kinder nach längerer Suche gefunden hatte, empfand sie, wie sie mir sagte, als eine große Gnade des Schicksals in ihrem Leben, hatte sie doch nun Schutz und Hilfe durch ihn.

Dem fünften Kind dieser Familie verhalf ich in einem Munitionsbunker, einem feuchten, dunklen

Betonbau, zum Leben. Einen tristeren Empfang für dieses Neugeborene konnte es fast nicht geben, das trotz der sehr notdürftigen Behausung von seinen Eltern liebevoll aufgenommen wurde. »Ein neues Leben«, sagte der Vater gerührt, »ich habe draußen im Feld nur Leiden und Tod gesehen.«

»Aber nun sind wir zusammen und du bist gesund vom langen Krieg heimgekommen, was für ein Glück«, unterbrach ihn seine Frau. Worte der Zufriedenheit und Harmonie, was wollte man mehr. Eines Tages wird sich die Hoffnung auf ein besseres Heim erfüllen, ein Wunsch, den viele Menschen damals in sich trugen.

In einer kleinen, bescheidenen Wohnung, zu eng für die große Familie, aber trocken und hell, kam das sechste Kind der Familie Watzlik auf die Welt. Dieses kleine Mädchen hatte entschieden, schnell und komplikationslos den Weg in sein eigenes Leben zu nehmen. Wiederum nahm Frau Watzlik das Neugeborene, obwohl es schon das sechste war, in ihre Arme, streichelte es in mütterlicher Liebe. Obwohl diese so groß gewordene Familie in beengten Verhältnissen wohnte, war die Mutter mit ihrem Zuhause und ihrem bescheidenen Leben mehr als zufrieden. »Es geht uns gut, weil wir alle zusammen sind«, war ihr Argument. Der Familienvater tat alles, um dieses Glück zu erhalten und womöglich noch ein wenig auszubauen. Seine geschickten Hände zauberten in kurzer Zeit aus allerlei Materialien die notwendigen Dinge, die zu einem, wenn auch bescheidenen, Haushalt gehörten. Man hatte sich mit dem Schicksal der Vertreibung so weit abgefunden, dass man damit leben konnte. Doch das Glück ist ein unbeständiger Gast. Es hatte sich von dieser Familie zurückgezogen, und nun standen schwere, dunkle Wolken am Himmel, die die Lebensgemeinschaft auf eine sehr harte Probe stellen sollten.

Jahre vergingen. Das Leben begann sich wieder zu normalisieren, die Vergangenheit schien ein wenig zu verblassen, man schaute vorwärts. Mit der D-Mark kam Arbeit, die größte Not war gebannt, und allmählich spürte man einen bescheidenen Wohlstand, der sich von Jahr zu Jahr steigerte. Es kamen gute, arbeitsreiche Jahre, die berechtigte Hoffnungen und Wünsche weckten, und auch für die kinderreiche Familie Watzlik kamen nun bessere Zeiten. Für viele Menschen wurden Wünsche nach einer beständigen Heimat wahr. Die Kinder konnten nun unter besseren Bedingungen groß werden. Die Not der Nachkriegszeit war immer weniger spürbar, und der Wohlstand begann, Einzug zu halten. Das bessere Leben brachte aber auch oft Unstimmigkeiten und Zerrüttungen in den Familien mit sich. Nicht allen wurde der plötzliche Wohlstand zum Segen.

Bei Familie Watzlik hatte sich das siebte Kind angemeldet. Es sollte wieder zu Hause, aber dieses Mal unter anderen Bedingungen geboren werden. In einem neuen, mit staatlicher Hilfe erbauten Haus wurde dieser Neuzugang erwartet. Das Glück dieser Familie, so glaubte man, müsse nun vollkommen sein. Der kalte, feuchte Betonbunker mit seinen triefenden Wänden und die allzu enge Kleinstwohnung gehörten nun der Vergangenheit an, an die man nicht mehr zurückdenken wollte.

Eines Tages meldete sich bei mir eine strahlend schöne Frau, die ich auf den ersten Blick gar nicht erkannte. Frau Watzlik im roten Samtkleid und mit roten Schuhen wollte mich von ihrem siebten Kind, das sie in einigen Monaten erwartete, in Kenntnis setzen. Klein, zierlich und sehr gepflegt, war sie eine ausgesprochen schöne Erscheinung. Sie begrüßte mich herzlich und durch ihr Lachen wirkte sie noch jünger, als sie es ohnehin war. Über eine so grundlegende Veränderung eines Menschen konnte ich nur staunen. Diese junge Frau verstand ihre Vorzüge, die ihr von der Natur mitgegeben worden waren, ins rechte Licht zu rücken.

Heinrich, ihr Mann, war, wie ich später erfuhr, auf seine schöne junge Frau, wen sollte es wundern, sehr stolz. Er versuchte ihre Wünsche, so weit ihm das möglich war, zu erfüllen, denn seine Ingeborg war überall der strahlende Mittelpunkt. Er selbst stellte an sich keine Ansprüche, und die Kinder, na ja, sie hatten alles, was sie brauchten.

Bei der Geburt des siebten Kindes hatte ich die neuen, besseren Verhältnisse der Familie Watzlik kennen gelernt, deren Mittelpunkt nicht der Vater, sondern die Mutter war, die immer ein Lächeln auf den Lippen hatte, eine schöne und, wie es schien, zufriedene Frau, die alle in ihren Bann zog. »Ich bin«, so erzählte sie mir, »trotz oder wegen meiner vielen Kinder in einer glücklichen Lage gewesen. Ich konnte mir durch die Bezugsscheine vieles leisten, die an kinderreiche Familien abgegeben wurden, damit schulpflichtige Kinder mit Kleidern und Schuhen versorgt würden. Eine Bekannte schneiderte aus alten Sachen neue und Hannes, der

Nachbar nebenan, flickte das Schuhwerk der Kinder für wenig Geld und somit konnte ich viele Gutscheine für meine Bedürfnisse verwenden. Gut auszusehen ist etwas Herrliches, es bringt Vorteile und ich genieße es«, berichtete sie mir mit zufriedener Miene. Frau Watzlik schien von ihrer Schönheit sehr überzeugt zu sein. Aber auch die Familie war zufrieden mit der schönen Mutter. »Gell«, meinte einer der kleineren Buben zu mir, »ich habe eine schöne Mama, eine so schöne hast du nicht.« Das gute Aussehen der Mutter machte die Familie glücklich, warum sollte man dies ändern.

Mit der Geburt des siebten Kindes wurde der Familienfrieden einer harten Belastungsprobe ausgesetzt, er bekam einen gewaltigen Riss und die weitere Entwicklung war vorerst nicht abzusehen. Ein gesundes Kind schrie nach wenigen Stunden Wehen und forderte Aufnahme und Versorgung. Lang und dunkel legten sich die Haare des Neugeborenen um sein nasses Köpfchen. Augenbrauen und Wimpern waren sehr ausgeprägt und ebenfalls von dunkler Farbe. Es war kein Gesicht, das denen seiner Geschwister glich. Erstaunlich, ein dunkelhaariges Kind bei blonden Eltern. Irritiert von diesem Außenseiter hielt ich es etwas länger als sonst in meinen Händen und betrachtete das hübsche Gesicht und die gesunde Hautfarbe dieses kleinen Mädchens. Eine Freude, es anzusehen, wenn da nicht diese Zweifel gewesen wären …

Mit gemischten Gefühlen legte ich es der Mutter in den Arm, die es herzlich an sich nahm. Unwillkürlich sah ich auf die Bilder der beiderseitigen Großeltern, die in goldenen Rahmen wie eine Ahnengalerie an der Wand hingen. Blonde Menschen mit nördlichem Einschlag. Dass die Erbanlagen der Großeltern an die Enkelkinder übertragen werden, ist nicht ganz ungewöhnlich. Doch in diesem Fall schienen sich andere Überlegungen aufzudrängen. Sechs blonde Wuschelköpfe mit blauen Augen in dieser Familie, nur das siebte Kind bildete mit den dunklen, fast schwarzen Haaren eine auffällige Ausnahme. War das eine genetische Ausnahme, eine Laune der Natur, oder gab es doch andere Gründe?

Angespannt, eher misstrauisch, betrachtete Heinrich Watzlik meine Handgriffe bei der Versorgung des Kindes. Mit gerunzelter Stirn, offensichtlich irritiert von dem ungewöhnlichen Aussehen des kleinen Mädchens, blickte er unruhig hin und her. In die Stille hinein kamen seine Worte wie ein Hammerschlag: »Das ist nicht mein Kind!« Laut, fast schreiend, wurden diese Worte gesprochen. »Du hast Recht, das ist nicht dein Kind«, kam die Antwort der Mutter, »aber es ist das meine und ich trenne mich nicht von ihm.«

»Ein Kuckucksei also, für das ich sorgen soll«, entgegnete Heinrich Watzlik in höchster Erregung. »Nicht mit mir!« Seine Frau Ingeborg lächelte nicht mehr. Solche Worte, laut und bestimmt gesprochen, setzen Akzente. Ingeborg war anzusehen, dass sie die Welt nicht mehr verstand. War das noch ihr Ehemann, der ihr alle in seiner Macht stehenden Wünsche erfüllte, der sie auf Händen trug?

Doch nun war sie wohl zu weit gegangen. Es gab offenbar Grenzen. Ingeborg war nicht mehr das schöne, strahlende Wesen, dem alle zu Füßen lagen, sie schien mir in dieser Stunde um Jahre gealtert. Ihr Kind fest an sich gedrückt antwortete sie sehr bestimmt: »Ich werde mich von meinem Kind nie trennen, ich liebe es so wie meine anderen. Du wirst daran nichts ändern, welche Entscheidung du auch treffen magst.« Klare Worte auf beiden Seiten, die Auseinandersetzung war ernst.

Der erste Wochenbetttag brachte außer gegenseitigen eisigen Schweigens keine Neuigkeiten. Als Außenstehende ist man als Hebamme in solchen Situationen in einer sehr unangenehmen Lage. Ungefragt einen Rat zu geben, entspricht nicht den Gepflogenheiten, obwohl man durch eine besondere Lebenserfahrung, was zwischenmenschliche Bereiche angeht, Lebenshilfe geben könnte, wenn sie erwünscht oder notwendig geworden ist. Frau Watzlik hatte sich nach der gestrigen Auseinandersetzung so weit gefangen, dass sie wieder anfing, ihre Schönheit, die unter der Geburt und dem Streit etwas gelitten hatte, zu pflegen. Im hellblauen Schlafrock mit federartigem Besatz an Hals und Ärmeln, der bei jeder Bewegung und jedem Luftzug wippte und zitterte, besetzt mit Pailletten in der gleichen Farbe, bewegte sich Ingeborg gekonnt und selbstsicher, als wäre tags zuvor nichts geschehen. Geduldig nestelte sie an dem blauen Band, das ihr Haar schmückte und zugleich die blonde Fülle zusammenhielt. Alles passte zu dieser Persönlichkeit. Ingeborg bot einen schönen Anblick und machte Eindruck.

Nach tagelangem, entnervenden Schweigen sprach mich Herr Watzlik auf die verzwickte Lage an, in der sich seine Familie befand und die ihm größte Sorgen bereitete. Er musste sich wohl aussprechen, und es gab sonst niemanden, der ihm zuhörte. »Was soll ich tun?«, war seine Frage an mich. »Kennen Sie den Vater dieses Kindes?«, war meine Gegenfrage. »Ja«, gab er mir zur Antwort, »er ist lange genug um meine Ingeborg herumgeschwänzelt, dieser Lebemann, dieser Lackaffe, bei dem Geld keine Rolle spielt. Ich will dieses Kind nicht«, und nach einer kurzen Pause, »aber auch Ingeborg möchte ich nicht verlieren, sie gehört zu mir und zu den Kindern. Was soll ich tun?« Ein beinahe gebrochener Mann stand da vor mir, der sich verzweifelt mit beiden Händen durch die Haare fuhr, einen Ausweg aus dieser Tragödie suchte und keinen finden konnte. Er wollte Ingeborg und seine Familie behalten, nicht aber dieses Kuckucksei, von dem sich andererseits aber seine Frau keinesfalls trennen wollte. Sollte die Familie also nicht auseinander gerissen werden, so musste er diesen Fremdling, den er nicht haben wollte, bei sich aufnehmen und ihm seinen Namen geben. Eine schwere Entscheidung, die weiß Gott Folgen hatte. »Ich bin nicht der Vater dieses Kindes und ich werde es nie anerkennen«, wiederholte er.

Nach einer kurzen Pause, in der ich diese prekäre Situation überdachte, gab ich ihm zur Antwort: »Vielleicht könnten Sie sich dazu durchringen, Ingeborgs folgenschweren Fehltritt zu verzeihen, zum Beispiel mit der Auflage, dass sie sich bereit erklärt, amtlicherseits den Vater dieses Kindes zu nennen, der dann aufgrund dieser Aussage seinen finanziellen Verpflichtungen nachkommen müsste. Der Erhalt der Familie wäre es wirklich wert, über eine solche Lösung nachzudenken«, meinte ich.

Einige Tage vergingen. Es war eine feierliche Taufe, auch wenn unausgesprochene Vorwürfe und offene Fragen die Stimmung überschatteten, doch alle Anwesenden nahmen mit gebührender Aufmerksamkeit an der Tauffeier teil. Besonders das Spenden des Taufwassers, das über den Kopf des Kindes fließt, wurde ja stets, so auch heute, mit besonderem Interesse verfolgt.

Aber dann kam es zu einem kleinen Zwischenfall. Eines der anwesenden Kinder rief mit heller, lauter Stimme in die feierliche Stille der Kirche hinein: »Mama, schau, was des für lange schwarze Haare hat.« Ich sah die Anwesenden amüsiert lächeln, manche die Stirn runzeln, und besonders Empfindliche zeigten sich bewusst desinteressiert über diese Bemerkung. Sie tat der Feierlichkeit jedoch keinen Abbruch. Die kleine Verena merkte von all dem nichts, weil sie die ganze Zeit während der Zeremonie schlief. Der Wirbel um ihr Dasein, der während der Feier neue Nahrung bekommen hatte, berührte sie nicht.

Zu dem weltlichen Fest, zu dem die Taufgäste eingeladen waren, erschien Ingeborg schon wieder zierlich und schlank und genoss es, erneut gefragter Mittelpunkt zu sein. Als einer der männlichen Gäste ihr glaubhaft versicherte, »Deine sieben Geburten haben deinem Aussehen nicht geschadet, ganz im Gegenteil«, freute sie diese Feststellung besonders. Onkel Franz setzte noch hinzu: »Du könntest die ältere Schwester deiner größeren Kinder sein.« Komplimente, die Ingeborg sehr gerne hörte.

Die Zeit nahm ihren Lauf, und von dem Kuckucksei wurde nicht mehr gesprochen. Es war in die Familie Watzlik eingebunden, man hatte sich arrangiert. Der biologische Vater der kleinen Verena hatte sich durch eine höhere Summe von seinen Verpflichtungen freigekauft, um sein Gesicht zu wahren. Verena wurde dabei nicht gefragt. Für Vater Watzlik war es schwer, sich mit dieser Lösung abzufinden, es war eher eine Notlösung, die einzige Möglichkeit, um überhaupt eine Einigung zu erzielen. Ein Tropfen Bitterkeit aber blieb wohl im Herzen dieses Mannes zurück.

Familie Watzlik stand in diesem Jahr unter keinem guten Stern. Noch einmal schlug das Schicksal hart zu. Auf der Heimfahrt von einer Veranstaltung passierte ein Unglück. Der Autounfall, bei dem sich Ingeborg schwere Gesichtsverletzungen und einen komplizierten Beinbruch zugezogen hatte, veränderte ihr Leben schlagartig. Es war nicht leicht für Ingeborg, die Mutter von sieben Kindern. Obwohl kosmetisch korrigiert, war ihr einst so ebenmäßiges Gesicht nicht mehr wie früher. Das schwer verletzte Bein ist für den Rest ihres Lebens behindert geblieben.

Ihr verzweifelter Anruf bei mir: »Bitte besuchen Sie mich, es geht mir schlecht«, alarmierte mich, und ich machte mich gleich auf den Weg. Bei ihrem Anblick erschrak ich zunächst, ehe sie mir sichtlich verzweifelt den Hergang des Unglücks schilderte. »Warum«, weinte sie, »müssen die Glassplitter ausgerechnet mein Gesicht zerstören, warum, warum.« Ich tröstete sie und meinte: »Sie leben, und das ist doch das Wichtigste. Und was Ihre Verletzungen angeht, die vielleicht noch einmal eine Korrektur brauchen, bin ich sicher, dass nach einer gewissen Zeit kaum noch etwas zu sehen ist.« Bei meinen Worten nahm Herr Watzlik seine Frau liebevoll in den Arm und sprach beruhigend auf sie ein: »Wir werden alles tun, damit dein Gesicht wieder so wird, wie es einmal war. Zusammen schaffen wir das.« Ein Wunschgedanke, ein Traum, sicher aber ein Trost, der hoffen ließ. »Mit oder ohne Verletzung«, sprach Heinrich Watzlik weiter, »ich mag dich so, wie du bist.« Eine Liebeserklärung von Herzen, die nicht schöner hätte sein können nach all dem, was geschehen war. Ich hatte größte Achtung vor diesem Mann.

Familie Watzlik hat trotz der problematischen Geschehnisse wieder zusammengefunden. Weder das Kuckucksei noch die Narben des einst so schönen Gesichtes der Mutter konnten den Zusammenbruch herbeiführen. Ingeborg war sicher schuldig geworden. Doch die Liebe ihrer Familie, besonders die ihres Ehemannes, war stärker als die Wirrnisse, die die Familie bedroht hatten. Frau Watzlik hatte sich mit ihrem Schicksal abgefunden, auch damit, dass sie nicht mehr die begehrenswerte schöne Frau, der einstige Mittelpunkt der Gesellschaft war. Auch dass ihre Freunde sich mit wenigen Ausnahmen zurückgezogen hatten, nahm sie hin.

Beim Abschied sagte mir Ingeborg weinend: »Ich bin Heinrich heute sehr nah, näher als in all den Jahren unserer Ehe. Es musste vielleicht so kommen, damit ich sein tieferes Ich wirklich kennen lernte. Nun weiß ich, wohin ich gehöre.« Der Friede der Familie Watzlik war teuer erkauft. Doch ich weiß, dass es ein beständiger Friede wurde, trotz des Kuckuckseis, der kleinen Verena, die sich sichtlich wohl fühlte, weil ihr als der Kleinsten viel Aufmerksamkeit geschenkt wurde.

## *Roland, mein Sorgenkind*

Ein stürmischer Herbsttag war es, als die kleine Luise, gerade zehn Tage alt, zu ihren kinderlosen Pflegeeltern gebracht und hier liebevoll aufgenommen wurde. In diesem Zuhause waren alle Voraussetzungen für eine wohl umsorgte Kindheit des kleinen Mädchens gegeben. Ich freute mich für die Kleine, dass sie in so gute Hände gekommen war.

Luise machte ihren Pflegeeltern keine Sorgen. Sie war ein stabiles, gesundes Kind, dem auch die üblichen Kinderkrankheiten nichts anhaben konnten. Über den ersten Zahn, die ersten Gehversuche, das erste gesprochene Wort wurde ich gleich informiert. Jedes kleine Ereignis wurde in einer Chronik festgehalten; man setzte offenbar auch schon Erwartungen in dieses Mädchen. Die spätere Adoption durch ihre Pflegeeltern ging ohne Schwierigkeiten vor sich. Luises leibliche Mutter unterschrieb die Verzichtserklärung und war froh, ihr Kind in guten Händen zu wissen. Nun erhielt Luise den Namen ihrer Adoptiveltern und war damit ihr rechtmäßiges Kind.

Die Jahre des Größerwerdens, des Heranwachsens, beobachtete ich mit besonderer Freude, weil ich mitgewirkt hatte, dass Luise ein Zuhause bekam. Erst viel später stellte sich heraus, dass ich mit meinen Bemühungen der Familie Ambesser keinen rechten Gefallen getan hatte. Die weitere

Entwicklung der jugendlichen Luise verlief nicht so, wie es sich die Eltern gewünscht hatten. Als hübsches, lebensfrohes Mädchen bewegte sie sich in einem Kreis von Verehrern, der den Eltern häufig missfiel. Bald entschied sich Luise für einen Mann, der zwar nicht standesgemäß war, aber gutes Aussehen, Schwung und Elan besaß, und von dem man nicht recht wusste, welcher Arbeit er nachging und woher er kam. Mit seinem Redetalent verstand er es, diesen Fehler zu übertünchen und sich ins rechte Licht zu rücken. Er war erfolgreich, was Luises Entscheidung anging. Dieses behütete junge Mädchen wurde seine Frau. »Hoffentlich hat des Dirndl net daneben gegriffen mit diesem Luftikus, dem Taugenix, dem Sprüchmacher«, hörte ich die Leute hinter mir tuscheln, als das Brautpaar zur Kirche schritt.

Ein Jahr verging, in dem ich weder von Familie Ambesser noch von Luise etwas hörte. Doch als das erste Kind kam, wurde ich zu ihr geholt. »Ich kann diesen stechenden Schmerz nicht mehr ertragen«, war ihre erste Begrüßung, als ich die Wohnung betrat. Der Ehemann wippte in seinem Schaukelstuhl, die Beine übereinander geschlagen, und gab seiner Weisheit Ausdruck. »Es gibt doch Mittel und Wege, den Schmerz auszuschalten, habe ich gelesen.«

»Da muss ich Sie leider enttäuschen«, antwortete ich, »die Natur hat es nun einmal so eingerichtet, dass zur Geburt eines Kindes auch der Schmerz gehört. Alle Mütter dieser Welt müssen ihn ertragen. Auch Luise wird das müssen.« Diese Tatsache ließ diesen Mann, wie zu sehen war, unbeeindruckt. Er hielt seinen Schaukelstuhl weiterhin in Bewegung, schien gelangweilt, schaute nur zu.

Es waren lange Stunden, die Luise im Wehenschmerz jammernd und schreiend verbringen musste. »Warum muss ich so viel leiden, warum, sagen Sie mir das?«

»Auch deine Mutter musste sich durch diese Stunden hindurchkämpfen, damals, als ich ihr geholfen habe, dich zur Welt zu bringen. An dein Kind und das, was es in diesen Stunden ertragen muss, denkst du gar nicht? Nicht nur du, auch dein Kind verspürt den Wehenschmerz«, gab ich ihr zur Antwort. Luise, die sich aufgrund ihrer stabilen Gesundheit kaum mit körperlichen Schmerzen hatte auseinander setzen müssen, und auch sonst alles Unangenehme von ihren Eltern ferngehalten wurde, konnte oder wollte sich mit den notwendigen Geburtsschmerzen nicht abfinden. Aber damit verzögerte sie die Geburt und verlängerte somit den Wehenschmerz. Schon seit längerer Zeit war der Schaukelstuhl in der Ecke leer. Der Kindsvater hatte sich abgesetzt, anstatt uns ein wenig zur Hand zu gehen. Die Nacht ging zu Ende und als im Osten schon ein wenig der Morgen graute, war es da, das schwer erkämpfte Kind, ein Bub, der, so war zu hoffen, mit guten Anlagen ausgestattet war. Als ich ihn in Händen hielt und seiner Mutter in den Arm legte, dachte ich, möge Gott ihn beschützen, denn für das weitere Leben dieses Kindes ist diese Familie ganz gewiss kein perfekter Ausgangspunkt.

Später musste ich oft an diese Stunde zurückdenken, denn dieser Bub sollte die Erwartungen nicht erfüllen, die an ihn gestellt wurden. Die junge Mutter streichelte das kleine Köpfchen, sie liebte ihr Kind wie alle Mütter, die befreit vom Schmerz mit besonderer Liebe ihr Neugeborenes an sich nehmen, um die kleinsten Merkmale oder eine besondere, kaum merkliche Reaktion wahrzunehmen. Diese Augenblicke erlebt jede Mutter ganz bewusst, dazu bedarf es keiner Worte, nur aufmerksames Betrachten. Es ist ein Staunen in stiller Harmonie, in Liebe und Zuneigung.

Zu Luise kam ich noch mehrere Male, um ihren Kindern zum Leben zu verhelfen. Der Kindsvater war selten anzutreffen. Meine Gegenwart war ihm unbequem, unangenehm, er fürchtete meine Zurechtweisungen, wenn er keinen Finger rührte und stattdessen in seinem Schaukelstuhl wippend das Chaos um ihn herum betrachtete. Seiner notorischen Bequemlichkeit kam die häufige Arbeitslosigkeit sehr entgegen. Wurden die Mittel wieder einmal knapp, wie so oft, so gab es ja die Schwiegereltern Ambesser. Sie unterstützten die Familie ihrer Tochter kräftig, wenn es nötig war. Ein bequemes Leben für diesen Mann, der sich nach keiner Arbeit sehnte, dem die Bedürfnisse der Familie gleichgültig waren, der nur an sein eigenes Ich dachte.

Es kam, wie es vorauszusehen gewesen war. Die Familie zerfiel, und eine Scheidung setzte dieser Verbindung ein Ende. Luise lebte nun allein mit ihren fünf Kindern. Auf eine Unterstützung von Seiten ihres geschiedenen Mannes konnte sie nicht hoffen, denn bei ihm war als ständigem Arbeitslosen nichts zu holen.

So vergingen die Jahre. Die Kinder wuchsen heran. Außer dem Kleinsten, Andreas, gingen alle schon zur Schule, und Roland, der Älteste, kam in eine Lehre. Ein etwas stiller und, wie es schien, sensibler Jugendlicher, den der Zerfall der Familie am meisten belastete. Roland hätte ein Zuhause gebraucht, das ihm in seiner schwierigen Lebensphase Halt gegeben hätte, das ihn auffing, wenn er zu straucheln drohte. Dem heranwachsenden Roland fehlte der Vater. Wenn dieser sich auch kaum um seine Kinder gekümmert hatte, so war er doch da gewesen. Das bedeutete wenigstens einen gewissen Schutz für den Jugendlichen. Luise, seine Mutter, war zu schwach, um sich den Herausforderungen zu stellen. Sie drohte, an den Problemen der größer werdenden Kinder zu scheitern. Dann flüchtete sie sich in eine neue Partnerschaft, die wiederum viel Ärger einbrachte und außerdem ein weiteres Kind zur Folge hatte, das die Sorgen noch vergrößerte. Obwohl durch den Tod der Adoptiveltern zunächst ein ganz ansehnliches Erbe da war, half es Luise nichts, weil ihr Mann es zum großen Teil an sich genommen hatte. Der Rest war inzwischen längst aufgebracht, und Luise war nun ganz unten angekommen.

Mit der Tatsache, dass dieses zusätzliche Kind nun zu seiner Familie gehören sollte, konnte sich Roland wiederum nicht abfinden. Er betrachtete das kleine Mädchen als Eindringling, der nicht hierher gehörte, sondern zu dem Mann, der sich fluchtartig von der Familie abgesetzt hatte. »Roland kommt immer seltener nach Hause«, berichtete mir Luise bei einer Begegnung weinend. Diese

Mutter war seelisch verbittert, ohne rechte Entscheidungskraft, sie ließ sich treiben, ließ alles einfach geschehen und wehrte sich nicht. Luise, das einstmals fröhliche, wohl erzogene junge Mädchen, dem alle Türen und Wege offen gestanden hatten, wurde mit ihren Kindern zum Sozialfall.

Roland ging immer mehr schon seine eigenen Wege. Manchmal begegnete ich ihm, wenn er von seinem Arbeitsplatz aus unterwegs war, und einmal sprach ich ihn an. »Roland«, so meinte ich, »willst du deiner Mutter als Ältester nicht ein wenig zur Hand gehen, dich etwas um sie kümmern? Sie ist überfordert.« Mit seinen großen, etwas traurigen Augen sah mich Roland an und antwortete dann zögernd: »Ich mag dieses Kind nicht, und mit Mama kann man nicht mehr reden. Sie hört nicht zu, und deswegen kann sie auch keine Antwort geben.« Roland schniefte laut, scheinbar war er durch die Verhältnisse zu Hause sehr unglücklich geworden.

Ich hörte lange nichts mehr von ihm, diesem heranwachsenden Jugendlichen, dem die sichere Hand fehlte und der in diesen Jahren etwas ganz Entscheidendes gebraucht hätte, nämlich Liebe und Geborgenheit, die ihm leider niemand gab.

Es waren die letzten Adventstage kurz vor Weihnachten, da traf ich Roland ganz unerwartet wieder. Es war ein unerfreuliches Wiedersehen, das ich besser nicht erlebt hätte. In der Nacht hatte es geschneit, und Fahrzeuge und Fußgänger hinterließen deutliche Spuren. Ich parkte am Straßenrand, um noch ein paar Besorgungen zu machen.

Dazu musste ich die Straßenseite wechseln. Da sah ich auf der gegenüberliegenden Seite, wie ein junger Mann in höchster Eile, schnaufend, mit zerzaustem Haar und offener Jacke zu meinem Auto lief. Nach heftigem Rütteln am Türgriff wurde ihm bewusst, dass es verschlossen war. Etwas irritiert von dem ungewöhnlichen Vorfall blieb ich stehen und beobachtete, wie der junge Mann auf meine Straßenseite rannte, als wären tausend Furien hinter ihm her.

Ich sah die Angst in seinen Augen, und als er an mir vorbeilief, erkannte ich Roland, mein Sorgenkind, das von Unbekannten verfolgt wurde. Seine Fußspuren verrieten, dass er auf das nahe Gebüsch zuhielt und von dort die Straße erreichte, auf der sich seine Spur wieder verlor.

Ich nahm das alles wie gebannt wahr und konnte, als der Flüchtende aus meinem Blickfeld verschwunden war, im Augenblick weder denken noch sprechen. Ich stand nur wie gelähmt an der selben Stelle – wer weiß wie lange – um Roland tief besorgt, der ja mein Auto kannte und von mir wohl Hilfe, Zuflucht oder Unterschlupf vor den Verfolgern erwartet hatte.

Was war geschehen? Warum war Roland in solche Bedrängnis gekommen? Ich konnte mir keinen Reim auf die Dinge machen. Ich erahnte die Gefahr, in der sich Roland befand. Er brauchte Hilfe, und er suchte sie bei mir. Ich bemerkte weder den Verkehr auf der Straße noch die Menschen, die an mir vorbeigingen. Nur Roland beherrschte meine Gedanken, die Überlegung, was geschehen sein mochte und wie ihm zu helfen wäre.

Ich wurde von einem Polizeibeamten in Zivil abgelenkt, der mich ansprach: »Der junge Mann wollte in dieses Auto. Ist das Ihrs?« Ich nickte nur und sah, wie der Beamte mit gezogener Dienstpistole Rolands Fußspuren nachging.

Roland war nicht zu helfen, wie ich später erfuhr. Er war straffällig geworden. Er hatte sich mit Gleichaltrigen seiner Clique, bei der er Halt und ein Zuhause suchte, auf einen gefährlichen Weg begeben. Tags drauf meldete er sich bei der Polizei und kam vor Gericht mit einer Bewährungsstrafe davon. Doch die Lehrstelle war dahin. Aber manchmal gibt es auch Menschen, welche an der Not anderer nicht vorbeigehen können, die Gestrauchelten wieder auf die Beine helfen. Roland fand einen Gönner, der ihn in seinem Betrieb aufnahm, er konnte dort seine Lehrzeit beenden. Als qualifizierter Facharbeiter ist er heute gefragt und bei seinen Mitmenschen beliebt. Von seiner Jugendsünde spricht niemand mehr. Und seinem verständnisvollen Arbeitgeber dankt Roland die gute Tat von damals mit absoluter Treue.

# *Der Gockel*

Von einer ungewöhnlichen Tauffeier berichtet die folgende Geschichte, die schon mehrere Jahrzehnte zurückliegt.

Beim Mayerhofbauern am Ries erwartete man das vierte Kind und hoffte nach den drei Buben auf ein Mädchen, das die Bäuerin einmal entlasten könnte. »A Dirndl wär mir schon arg recht, damit man später auf eine Hilf rechnen kann, wenn ich nimmer bin.« Damit hatte sie Recht, die Großmutter, denn mit den Buben bekam später der Bauer eine Entlastung, während auf die Mutter mit einer größer werdenden Schar Buben eher mehr Arbeit zukam. Damals gab es noch keinen Ultraschall, um das Geschlecht des Kindes schon vor der Geburt bestimmen zu können, man musste also bis nach der Geburt warten, erst dann war diese Frage geklärt. So hieß es also warten und hoffen, dass ein Mädchen auf dem Mayerhof ankommen möge.

Die Bäuerin war immer noch mit Aufräumen und Staubwischen beschäftigt, obwohl kräftige Wehen die bevorstehende Geburt ankündigten. »Es ist schad um die Zeit, die man mit den Wehen vertrödeln muss, aber jetzt muss ich aufhören, jetzt geht's nimmer«, war ihre Meinung. Inzwischen schaute die Großmutter zur Tür herein mit der Frage: »Brauchst was?«, und mit dem Wunsch, dass alles gut gehen möge, verschwand sie wieder.

»Es ist gut, dass die Mutter noch da is, ein wenig schwerhörig wird sie halt und das Denken lässt auch schon nach, aber sonst is sie noch recht gut beisammen«, berichtete mir die Mayerhofbäuerin, die ohne zu klagen sich in ihr Geschick ergab.

Die Geburt eines Kindes sahen diese Landfrauen aus einem anderen Blickwinkel als die werdenden Mütter im Stadtbereich. Einen natürlichen Vorgang und die damit verbundenen Schmerzen empfanden sie als von Gott gegeben, das hatte man hinzunehmen. Ich war immer beeindruckt von der Haltung dieser Mütter, die in sich ruhend der Geburt ihrer Kinder entgegensahen, die den Vorgang so annahmen, wie er von Natur aus für sie bestimmt war.

Kurze Zeit später schrie auf dem Mayerhof zur Freude aller ein Mädchen. Den Gockel, der zur gleichen Zeit sein Kikeriki über den Hof schmetterte, betrachtete man als ein gutes Omen, dass das Kind gesund sein würde.

Eine glückliche Mutter hielt ihr kleines Mädchen in den Armen und betrachtete es eingehend, ein Wunsch war in Erfüllung gegangen. Ein Vergelt's Gott hörte ich als Dank für dieses Geschenk. Auf meinem Heimweg war ich wieder einmal rundum zufrieden mit meinem Leben und wollte mit niemandem tauschen.

Drei Buben stürmten aus dem Hof, als ich tags drauf zur üblichen Wochenpflege kam. »Habt ihr eure kleine Schwester schon gesehen?«, fragte ich. »Ja schon«, meldete sich der Größere, »aber schee is die net und so liederlich«, was für schwach und armselig stand. »Meinst schon, dass die noch wird?«

»Aber ja«, gab ich ihm zur Antwort, »du warst ja auch einmal so klein wie deine Schwester jetzt.« Erstaunt sah er mich an, und im Brustton der Überzeugung sagte er: »Naa, des glaub ich net, so klein wie die war ich gewiss net.« Unser Gespräch beendete der Gockel, der vom Misthaufen her schrill krähte. Dass dieses schöne stolze Tier in diese Geschichte eingehen würde, ahnte ich damals noch nicht.

Der dritte Tag war für die Taufe der kleinen Christine, dem Wunschkind, vorgesehen. Resi, die Taufpatin, kam angereist, um ihre Patenpflicht zu erfüllen und in der Kirche den Segen für dieses Kind zu erbitten, aber auch um die besondere Freude über dieses kleine Mädchen mit der ganzen Familie zu teilen. Resi in Festtagskleidung und bereit zum Gang in die Kirche nahm den letzten fürsorglichen Auftrag der Mayerhofbäuerin entgegen: »Gehst halt nach der Tauf der Mutter beim Kochen ein wenig zur Hand, damit das Taufessen rechtzeitig fertig ist.« Nach diesen Worten verabschiedete man sich, um den Weg zur Kirche anzutreten, damit, wie der alte Ahndl immer sagte, aus dem Heiden ein Christ wird. Aber vorerst stritten sich die Buben um die Taufkerze, denn jeder wollte die ehrenvolle Aufgabe übernehmen, sie über den Täufling zu halten. Den Streit entschied der Vater mit einem Machtwort, und zunächst war wieder Ruhe eingekehrt, dachten wir.

Die große Überraschung, die Aufregung, die wir alle schmunzelnd in Erinnerung behalten sollten, wartete zu Hause auf uns. Alle freuten sich, als der Mayerhofbauer zu Tisch bat mit den Worten:

»Geht's rein in die Stubn und lasst euch 's Essen schmecken«, und genau das war das Problem, das vor allem der Mayerhoferin äußerst peinlich war, denn der große Gockel, der als Braten für den heutigen Tag vorgesehen war, erfreute sich noch bester Gesundheit, weil die Großmutter ihn zu schlachten vergessen hatte. Sie hatte den Hahn schon am Vormittag mit Hilfe einer Hand voll Körner in den Holzschuppen gelockt in der Absicht, ihm später den Garaus zu machen. Da aber eine Menge anderer Arbeiten anstanden, hatte sie ihn, der eigentlich in seinem Gefängnis auf sein letztes Stündlein wartete, vergessen.

Wie das kluge Tier einen Weg in die Freiheit gefunden hatte, war allen ein Rätsel. Nun spazierte er unter der Schar seiner Hühner auf der Wiese herum und freute sich seines Lebens, das ihm, wenn es nach der Bäuerin gegangen wäre, gar nicht mehr hätte gehören sollen. Er lockte und krähte so lange, bis die Großmutter kam und ihn einzufangen versuchte. Unter dem Geschrei des Hahnes stob die Hühnerschar in verschiedene Richtungen auseinander und die Großmutter hinterher, immer den Gockel im Auge. Alle Mühe scheiterte jedoch an den flinken Beinen des Delinquenten, der, wie es schien, wusste, was ihm blühte. Verzweifelt warf die arme Großmutter schließlich mit Holzscheiten nach ihm, in der Hoffnung, in vielleicht tödlich zu treffen oder wenigstens außer Gefecht zu setzen. Aber alle Holzscheitgeschosse verfehlten ihr Ziel. Endlich erkannte die Großmutter die Aussichtslosigkeit ihres Unterfangens und gab schwer atmend und schweißtriefend die Jagd nach dem Gockel auf, denn für einen gebratenen Hahn als Taufmahl war es ohnehin schon zu spät. »Ja, hast du denn den Gockel noch gar net abgestochen?«, hörte ich den Mayerhofer verärgert seine Mutter fragen. Mutter und Großmutter weinten, der Mayerhofer schaute verärgert in die Runde. Das Geschrei der drei Buben, »wir haben Hunger«, beendete der Vater mit der Androhung einer Watschen für jeden von ihnen.

Es wurde aber, wenn auch vegetarisch, ein wunderbares Taufessen. Ein herrlicher Eierschmarrn, den Resi auf den Tisch gezaubert hatte, fand begeisterte Abnehmer. Der Gockel, immerhin schon einmal zum Tode verurteilt, erfreute mich jeden Tag, wenn ich auf den Mayerhof kam, mit seinem Kikeriki auf dem Misthaufen, den er, stolz und schön wie der Hahn war, als sein Reich betrachtete. »Von uns aus braucht er nimmer sterben«, versicherte die Mayerhoferin, »es sei denn, er stirbt von selber, und außerdem brauchen ja die Hühner einen Gockel. Er hält ja seine Schar Hennen zusammen und so auch, na ja, man weiß ja.«

Den weiteren Lebensweg dieses schönen Tieres konnte ich nicht mehr verfolgen, denn auf dem Mayerhof gab es keine Kinder mehr. Mit der kleinen Christine war der Kindersegen beendet. Dass dieser Gockel Christines ersten Schrei mit seinem Kikeriki beantwortet hatte, geriet nach und nach in Vergessenheit. Es ist schade, dass manchmal scheinbar nebensächliche Dinge im Laufe der Zeit vergessen werden, wie in dieser Geschichte. Der schöne stolze Hahn. Zu seiner Ehre sei gesagt, dass er wusste, was sich gehörte, als er der kleinen

Christine, dem Wunschkind, bei seinem ersten Schrei zu seiner Begrüßung sein lautes Kikeriki entgegenschrie. Ein gutes Omen, wie ich meine. Schon aus diesem Grund gönne ich diesem klugen Tier sein Leben. Der alte Ahndl würde weise dazu sagen: »Ja, ja, der Gockel hat zum Sterbn net ghört, alles im Leben hat seinen tieferen Sinn.«

## *Das Hebammenhonorar*

Es war Herbst geworden. Ein goldener Oktober erinnerte uns noch einmal an den vergangenen Sommer, der sich mit seinen langen, hellen Tagen endgültig verabschiedet hatte. Bald würden Tage kommen, die die dunkle, kalte Jahreszeit einläuteten.

Steil war der Weg, den ich zurückzulegen hatte, holprig und steinig, so dass ich mich entschlossen hatte, ihn zu Fuß zu gehen. Es war noch dunkel in diesen frühen Morgenstunden, die weißen Nebel kamen von überall, vor allem von unten, vom Bach her. »Sollst gleich kommen«, hatte es am Telefon geheißen. »Bei meiner Tochter, der Anni, is es jetzt so weit.« Dieser Satz wurde erregt ins Telefon gesprochen, offenbar war Eile geboten. »Des Dirndl hat schon alle fünf Minuten Wehen, ich hab auf die Uhr geschaut, ich glaub, es pressiert!«

Hektisch wurden mir von einer überbesorgten Mutter diese Einzelheiten genannt. Doch aus meiner Erfahrung wusste ich, dass die Angstgefühle solcher Mütter die Tatsachen durchaus verzerren konnten, und nicht immer war es wirklich schon so eilig. Das Haus dort oben mit den grünen Fensterläden, direkt neben der Viehweide, war mein Ziel. Eine werdende Mutter sah mir angstvoll entgegen, als ich die Stube betrat. Die besorgte baldige Oma strich sich über die feuchte Stirn und ließ ihren Rosenkranz in die Schürzentasche gleiten. Sie stand mir gegenüber, so, als stünde in den nächsten Stunden ein Weltuntergang bevor. »Meinst, es wird gut gehen?«, war ihre Frage, die sie noch des Öfteren wiederholen sollte. »Warum soll des nicht gut gehen«, gab ich zur Antwort, »ein Kind zu bekommen ist ein natürlicher Vorgang, den alle Mütter ertragen müssen, und Anne wird es auch überstehen.« Den beiden Frauen war unübersehbar die Angst ins Gesicht geschrieben. Bald erfuhr ich Näheres über die Verhältnisse in diesem Haus und über die Stube, die Anne mit ihrem Ehemann bewohnte. »Es ist nur für kurze Zeit, dass wir bei meiner Mutter wohnen, bis wir was Passendes gefunden haben«, erklärte mir Anne. Der junge Mann leistete gerade seinen Dienst bei der Bundeswehr, die ja erst vor kurzem ins Leben gerufen worden war, erfuhr ich weiter. Auf den ersten Blick konnte ich sehen, dass es vermutlich eine längere Geburtsdauer werden würde, denn die Wehen waren schwach. Es handelte sich wohl wieder einmal um eine jener überängstlichen Mütter, die viel Zuspruch brauchten, um die kommenden Stunden überstehen zu können. Wie sehr ich mich irrte, sollte ich später auf unangenehme Weise erfahren.

»Ich übersteh des net«, war Annes Überzeugung. »Mama, geh und ruf den Egon an, er soll kommen, er muss sofort kommen, er kann mich doch net allein lassen, jetzt, wo es mir so schlecht geht.« Die Mutter schaute mich fragend an, als sie antwortete: »Ja, ich weiß net, ob des möglich is, wenn er auf einem Manöver in Norddeutschland droben ist, naa, ist des ein Kreuz, was soll ich bloß machen.« Meine

Antwort gefiel den beiden nicht recht: »Das Kind wird auch ohne Egon zur Welt kommen. Mit vereinten Kräften schaffen wir das ganz sicher.«

»Aber was ich aushalten muss wegen ihm, davon sagst du nix«, jammerte Anne, die sich einfach nicht in ihr Geschick ergeben wollte. Ich fühlte allerhand Unannehmlichkeiten auf mich zukommen. So viel Jammer und Geschrei nach dem Ehemann, von dem sie Hilfe in ihrem Geburtsschmerz erwartete, der aber nicht erreichbar war. »Du hast leicht reden«, wandte sie sich an mich, »weilst nix aushalten musst. Da kann man leicht reden«, wiederholte sie.

»Ich bin da, um dir zu helfen, damit dein Kind gesund zur Welt kommt. Die Wehen, die dazugehören, die kann ich dir nicht abnehmen, auch Egon nicht, mit denen musst du alleine fertig werden«, gab ich ihr zur Antwort.

»Nein«, schrie sie, »ohne meinen Mann bringe ich das Kind nicht zur Welt, weil ich einfach nicht mag!« Ich musste ein Lachen unterdrücken. So viel Dummheit! »Egon soll kommen, Mama, hol den Egon, er muss kommen«, war die immer gleiche Forderung an die Mutter. Diese schaute verzweifelt von einem zum andern und wusste nicht, wie sie sich in dieser verzwickten Lage verhalten sollte. Meinen Hinweis, es erginge allen Müttern gleich, der sie eigentlich trösten sollte, ließ sie nicht gelten. Niemand würde so leiden wie sie ohne Egon. Sie hatte sich in den Gedanken verbissen, ihr Ehemann müsste jetzt, in diesen Stunden, bei ihr sein, koste es, was es wolle. »Jetzt möcht ich doch sehen, ob man den net herholen kann!« Zornig verließ sie ihr

Bett, zog einen Mantel über, schlüpfte in ihre Hausschuhe, schimpfte noch einmal über die Ungerechtigkeit auf dieser Welt und ging zur Tür, indem sie uns anfauchte, »Jetzt geh ich zum Wirt runter zum telefonieren«, und an ihre Mutter gewandt fuhr sie fort, »wenn du mir net helfen willst, dann helf ich mir eben selber. Der Egon kommt, wirst schon sehen.« Natürlich kam Egon nicht, es gab auch kein Telefonat, weil ich Anne zurück in ihr Bett brachte. Sie zog sich schmollend zurück und beklagte weiterhin ihre missliche Lage.

Stunden vergingen, ohne dass der Geburtsverlauf wesentliche Fortschritte gemacht hätte. Schreiend und weinend, mit Aufstehen und Hinlegen, mit Schlagen und Trommeln an Wände und auf die Bettdecke verging der Tag. Die Dämmerung zog langsam herauf, und bald wurde es dunkel. Eine unerfreuliche Nacht stand uns bevor. Eine uneinsichtige werdende Mutter, die sich sinnlos gegen die notwendigen Schmerzen wehrte, die gegen alle Vernunft den Ehemann herbeiholen wollte bald weinend, bald klagend, dass er sie in einer so furchtbaren Lage allein ließ, in die er sie ja auch noch gebracht hätte. Denn sterben würde sie jetzt und hier auf jeden Fall, und das könnte sie ihm nie verzeihen.

»Du bekommst ein Kind und das ist ein natürlicher Vorgang, den du bezwingen musst. Da soll man nicht vom Sterben sprechen«, gab ich ihr zur Antwort. »Ich kann sagen, was ich mag, da frag ich keinen Menschen«, verteidigte sie ihr Verhalten verärgert. Meine Ermahnungen, dass sie durch ihr Verhalten die Geburt verzögern und damit dem

Kind schaden könnte, führte nur zu neuen Klagen wegen der dadurch länger andauernden Wehen.

Annes Mutter saß in der Ecke auf einem Schemel, den Rosenkranz in Händen, den sie ins Gebet versunken lautlos durch ihre Finger gleiten ließ, und wischte ab und zu mit dem Handrücken über ihre Augen. Manchmal kam sie leise an das Bett ihrer Tochter, strich ihr liebevoll über das Haar, um sich dann wieder auf ihren Schemel in der Ecke zurückzuziehen. Eine rührende Geste des Mitleids, der innigen Teilnahme und der einmaligen Liebe einer Mutter zu ihrem Kind. Sie hätte die Schmerzen ihrer Tochter vermutlich gern auf sich genommen, wenn es die Möglichkeit dazu gegeben hätte. Um dem Kind die Geburtswehen zu ersparen, die sie selbst damals bei dessen Geburt erlitten hatte. Sie würde es vermutlich bis zur Selbstaufgabe tun. Nun, da sie hier aber nicht helfen konnte, versuchte sie, durch Beten Hilfe von oben zu erbitten. Bewegt beobachtete ich diese Szene. Wie sich doch alle Mütter gleichen in der Sorge um ihre Kinder, wieder wurde mir das bewusst.

Die Uhr mit dem bemalten Zifferblatt an der Wand rückte Stunde um Stunde vor, und bald würde sie Mitternacht erreicht haben. Die Endphase dieser Geburt würde mit Chaos und gesteigerter Aggression einhergehen, dachte ich, wenn ich mir die vergangenen Stunden vergegenwärtigte. Ich machte mich auf allerhand Unangenehmes gefasst, auf noch mehr Schimpfen und viele Hilferufe nach Egon, dem Ehemann. Doch was kam, war kaum zu glauben. Je mehr es dem Höhepunkt entgegenging, desto stiller wurde Anne, der Ruf nach Egon war verstummt. Bereitwillig folgte sie meinen Anweisungen, ließ sich den Schweiß von der Stirn wischen, und gute Worte fanden plötzlich Gehör. Es waren nun doch gute Voraussetzungen für die Geburt dieses Kindes. Ganz unerwartet fragte mich Anne schließlich: »Meinst, dass des Kind auch gesund is und recht, und dass es seine graden Glieder hat?« Der Begriff ›recht‹ stand damals für ›nicht behindert‹. Diese Frage war schon immer von großer Bedeutung und die Sorge einer jeden Mutter vor der Geburt ihres Kindes. Denn moderne Technik zur Früherkennung gab es wie gesagt damals noch nicht. Auch Anne befasste sich auf einmal, da die Geburt dem Ende entgegenging, mit der Möglichkeit, ein krankes Kind zu gebären. Sie hatte Sorge. Und so traten die eigenen Belastungen in den Hintergrund. Ich gab ihr zur Antwort: »Behinderte oder kranke Kinder sind selten. Warum sollte dein Kind so eine Ausnahme sein. Es wird gesund und recht sein. Wirst schon sehen.« Getröstet nahm Anne meine Worte auf.

Mitternacht war längst vorbei, der neue Tag hatte schon begonnen, und bald würde es in dieser Stube neues Leben geben. Anne war nicht mehr wiederzuerkennen. Still nahm sie ihr Geschick ohne jegliches Aufbegehren an. Ihre charakterliche Veränderung erschien mir fast wie ein Wunder, wenn ich an die ungeduldige, schimpfende und sich selbst bedauernde Anne zurückdachte. Wir beide waren nun gut aufeinander eingestellt, und dankbar nahm sie meine Erklärungen an.

Es waren Friede und ein stilles Warten auf das kommende Ereignis spürbar. Die alte Uhr zeigte zehn nach zwei an, als der erlösende Schrei des kleinen Michael ein erstes Lächeln auf das Gesicht seiner Mutter zauberte. Die Großmutter kam still wie vorher an das Bett ihrer Tochter, um ihren Enkel zu sehen und ihm mit einem ›Vergelt's Gott‹ das Kreuz auf seine Stirn zu zeichnen. Dazu brauchte es keine weiteren Worte. Wie in Andacht betrachtete sie das kleine Geschöpf, dankbar, dass es gesund und wohl geraten war. Dabei wischte sie wieder mit dem Handrücken über ihre Augen, während der jungen Mutter ebenfalls Tränen über die Wangen liefen. Es war ein Augenblick des stillen Glücks, des Staunens, das alles Vergangene beim Anblick dieses gesunden Kindes vergessen ließ.

Von Egon, dem Kindsvater, wurde nicht mehr gesprochen. Auch während der ersten Wochenbetttage hörte ich seinen Namen nicht mehr. Man hatte ihn, wie es schien, vergessen. Doch dann war er da, beurlaubt, um sein Kind zu sehen. Die Freude über sein Kommen hielt sich, für mich zunächst unverständlicherweise, in Grenzen. Den Grund für die plötzliche Entfremdung erfuhr ich tags darauf. Ein tief schlafender Mann, der meine Gegenwart nicht wahrnahm, war bei Anne, seiner Frau, in Ungnade gefallen. Er ist halt noch müde von dem anstrengenden Manöver, glaubte ich, den jungen Vater verteidigen zu müssen. »'s Manöver ist net schuld an seiner Müdigkeit. Des hat an ganz an andern Grund. Drunt beim Wirt hat er gesoffen, die ganze Nacht nix als gesoffen und deswegen schlaft er jetzt noch. Mein Sparschwein hat er auch aufgeschnitten und die fünf Mark mitgenommen, die

Tante Vevi aus Österreich für den Kleinen mitbracht hat. Ist des vielleicht recht, wenn ihm der Wirt lieber ist als ich?« Mit einem heftigen Stoß auf die Seite ihres tief schlafenden Ehemannes kam die frühere, mir so gut bekannte Aggressivität zurück. »Steh auf, hab ich gesagt, wenn fremde Leut da sind, sauf net so viel, wenn du es net vertragst.« Annes Sinneswandel war doch recht erstaunlich, wenn ich an den Tag zurückdachte, als sie glaubte, ohne Egon das Kind nicht zur Welt bringen zu können. Aber auch das Verhalten ihres Ehemannes zeugte von Lieblosigkeit, offenbar hatte er wenig Verständnis für seine junge Frau, die ihm ein Kind geboren hatte. Die Zweisamkeit schien nach dem nächtlichen Trinkgelage erheblich lädiert, sie hatte einen Riss bekommen, doch ich hoffte, dass er sich würde reparieren lassen.

Der kleine Michael gedieh und Anne war auf ihren Egon noch immer nicht gut zu sprechen. Sie konnte ihm nicht verzeihen, dass er sie in jener Nacht allein gelassen hatte, um mit seinen Kumpanen die Geburt seines Sohnes zu feiern. Die Wochenbetttage gingen dem Ende entgegen und Egons Urlaubstage ebenfalls. Bevor er wieder in seine Kaserne einrückte, wollte er das Honorar für meine Geburtshilfe klären. Mir war bekannt, dass damals die Soldaten der Bundeswehr nicht krankenversichert waren. Die Abrechnungen für Arzt und Hebamme mussten bei der Dienststelle eingereicht werden, und der endlos lange Weg bis zur Auszahlung der fälligen Beträge war ein häufiges Ärgernis. So machte mir Egon den Vorschlag, ihm eine Blankounterschrift zu geben, um den langen Behördenweg zu umgehen. Aus dieser wäre dann zu ersehen gewesen, dass er meine Gebühren bereits bezahlt hätte. Einer schnellen Anweisung stünde dann nichts mehr im Wege.

Leider glaubte ich diesem scheinbar ehrlichen Gesicht, und im guten Glauben an die Korrektheit dieses Mannes quittierte ich die unbezahlte Rechnung. Doch es war ein Fehler, einem Menschen zu vertrauen, den man nicht näher kannte. Egon, der Bundeswehrsoldat, bestritt später unsere Abmachung und verwies auf meine Unterschrift, die den Erhalt des Honorars bestätigte. Da auch Anne, seine Ehefrau, gesehen haben wollte, dass ich den mir angeblich ausbezahlten Betrag quittiert hätte, war ich die Dumme, man hatte mich betrogen. Es gab für mich keine Möglichkeit, den Rechtsweg zu beschreiten, denn meine Unterschrift sprach ja für die Richtigkeit der Behauptung Egons, während für sein kriminelles Verhalten die Beweise fehlten. Sehr enttäuscht von der sonst recht netten Familie, wenn man einmal von dem eigenwilligen Verhalten der jungen Mutter absah, musste ich die Erfahrung machen, dass mich meine Menschenkenntnis in diesem Fall vollkommen im Stich gelassen und das Sprichwort ›Vertrauen ist gut, Vorsicht ist besser!‹ immer noch Gültigkeit hatte.

Zur Geburt des zweiten Kindes in diese Familie wurde ich natürlich nicht mehr geholt. Den kleinen Michael verlor ich aus den Augen, aber die Großmutter sah ich ab und zu. Sie suchte verzweifelt, mir aus dem Weg zu gehen, weil, wie ich annehme, sie wegen des Verhaltens ihres Schwiegersohnes ein schlechtes Gewissen hatte. Als ich sie dennoch einmal ansprechen konnte und nach ihrem Befinden fragte, rief sie erleichtert: »Mei, ist des schön, dass du mit mir reden magst, zuwider war mir die Geschicht von damals und Ruh hab ich keine mehr gehabt. Jetzt weiß ich, dass du gegen mich nix hast.« Müde, etwas hilflos stand sie vor mir, diese gute, liebenswerte Großmutter, in deren Augen die Seelennot stand, die ihr der Schwiegersohn durch sein unfaires Verhalten bereitet hatte. »Ich hab die Geschichte von damals vergessen«, antwortete ich, »und du solltest es auch tun.« Ein paar Tränen kullerten über ihre Wangen, als sie ein »Vergelt's Gott, dass du uns nix nachtragst« sagte. »Ich wünsch dir Glück und bleib gesund«, verabschiedete sie sich von mir. Ich wusste, ihre Worte waren aus dem Herzen gesprochen. Eine großartige Frau, deren Leben von Gerechtigkeitssinn und Güte geprägt war. Großmutters fromme Wünsche schienen wohl erhört worden zu sein, damals wie heute und bin ich dafür dankbar. Was ist dagegen eine offene Schuld, eine unbezahlte Rechnung?

## *Noch mehr Neugier*

Mit dem Wissensdurst der Kinder musste ich mich immer wieder einmal auseinander setzen. Damals gab es noch einen tiefen, wunderbaren Glauben an das Christkind. Mystisch und geheimnisvoll waren die Tage vor Weihnachten, dem schönsten Fest des Jahres, das man voller Ungeduld erwartete. Von der Existenz des Nikolaus war man ebenso überzeugt wie vom Osterhasen, diesem geliebten Tier, das stets die Kinderherzen höher schlagen ließ.

Das war eine schöne Zeit voller Geheimnisse, Beschaulichkeit und Erwartungen. Man wusste noch nichts von bunt gefärbten, kurios gestylten Haaren, von Kleidern und Schuhen, die nur tragbar waren, wenn sie ein bestimmtes Markenzeichen trugen. Ein reguläres Taschengeld war fast unbekannt, man war zufrieden, wenn einem von der Tante oder dem Onkel eine Mark in die Hand gedrückt wurde oder wenn die Großeltern eine gute Schulnote mit ein paar Groschen honorierten, dem unbedingt ein lautes ›Vergelt's Gott‹ zu folgen hatte. Wenn plötzlich über Nacht ein Kind da war und die Familie mit einem Schlag Zuwachs bekommen hatte, waren die größeren Kinder meist ganz unterschiedlicher Meinung. Oft war es der Storch, der dafür verantwortlich gemacht wurde, die ganz Schlauen wussten es besser, nämlich dass die Hebamme in ihrem Koffer die Kleinen in die Häuser brachte, gelegentlich auch ohne Bestellung oder Anmeldung.

Diesen zweifelhaften Erkenntnissen auf den Grund zu gehen, setzte eine besondere Neugierde voraus, und mein Kommen wurde nicht selten mit gebührender Aufmerksamkeit und gemischten Gefühlen beobachtet. Nicht besonders erfreut war man, wenn man mich radelnd oder zu Fuß auf eines der Häuser zusteuern sah, in denen schon mehrere Kinder ihre täglichen Bedürfnisse teilen mussten. Ich denke noch an jenen Buben, der bei meinem Anblick entsetzt ausrief: »Jetzt kommt die schon wieder und wir sind eh schon so viel« und schnell die Haustüre von innen verschloss. »Warum bringst du die Kinder allerweil zu uns, warum net zum Nachbarn, dem Heuberger, der hat nur ein Dirndl«, hörte ich bisweilen. Das war eine harte Nuss, die es zu knacken gab. Warum kam die Hebamme mit Vorliebe in jene Häuser, in denen kein Bedarf an neuem Nachwuchs bestand, die sich gar nicht nach einem weiteren Kind sehnten. Ein unlösbares Rätsel schien diese Verteilung, die auf jeden Fall ungerecht und unverständlich war.

In der folgenden Geschichte wusste man mit absoluter Sicherheit, dass ich die Kinder auf dem Fahrrad zu den Eltern transportierte. Dieses Wissen genügte aber nicht, es gab Ungereimtheiten, über die man nachdenken musste. Man brauchte Beweise, um das Geheimnis lüften zu können, und Tatsachen, die Klarheit schufen.

Eines Tages, als mich eine Schar spielender Kinder auf das Haus des Isidor Kohlberger zuradeln sah, war ihre Stunde gekommen, um diejenigen, die eine andere Meinung über die Herkunft der Kinder hatten, durch einen Beweis zu überzeugen. Walburga, Isidors Frau, erwartete demnächst ihr sechstes Kind, und ich wollte nach ihr sehen. Mein Fahrrad mit Tasche und einem Karton Wochenbettpackungen, die ich auf meinem Gepäckträger befestigt hatte, lehnte ich an den Gartenzaun. Zu meinem Besuch brauchte ich weder Tasche noch Packungen, und so betrat ich das Haus.

Walburga, eine liebenswerte Frau in mittleren Jahren, die schon bald die Menopause erreichen würde, musste noch einmal zu ihrer und Isidors Verwunderung späte Mutterpflichten erfüllen. Ihrem Leibesumfang zufolge wusste niemand, dass sie ein Kind erwartete, denn ihre Röcke und Schürzen, lang und weit, trug sie das ganze Jahr hindurch. So verbarg sie ihren Zustand unbewusst, so dass die Nachbarschaft ganz erstaunt meinen Besuch registrierte. Die Frage, Kriegt die ein Kind?, hatte sich damit von selbst beantwortet. Erfreut über meinen Besuch meinte die Walburga: »Wenn man halt so spät heiratet, dann kriegt man auch spät die Kinder.« Diese Erklärung war einleuchtend. »Aber«, sprach sie weiter, »des ist jetzt gewiss des Letzte, bin ja schon in den Vierzigern drin.«

Isidor, der ihr mit Kopfnicken beipflichtete, denn Reden war ihm sein Leben lang lästig gewesen, war ein rechtschaffener Familienvater, der seine Familie mit vielen unterschiedlichen Talenten gut versorgte. Er verstand sich aufs Zimmern, Korbflechten, Schirm- und Pfannenflicken, aber auch Schuhe wusste er so zu reparieren, dass sie wieder brauchbar waren. Walburga konnte sich über ihren Isidor nicht beklagen. Er nutzte seine Talente und tat das Bestmögliche für seine Familie. Nun ging er, still wie er gekommen war, wieder aus der Stube hinaus und ließ uns beide allein. Beschwerden, sagte die Walburga auf meine Frage, habe sie keine, und der Geburtstermin, so genau wisse sie das nicht, weil sie mit einem Kind nicht mehr gerechnet habe. »Ja mei«, erklärte sie mir, »wer denkt da dran, dass man in dem Alter noch ein Kind kriegt. Und da hab ich des Rechnen aufgehört.« Auch mein weiteres Fragen blieb ergebnislos, der Geburtstermin konnte nicht geklärt werden. »Es kommt eh, wenn's Zeit ist«, war die allgemeine Auffassung in solchen Fällen.

Mit einem Mal hörten wir die laute Stimme von Isidor draußen vor dem Haus. Es klang ganz befremdlich bei dem sonst so ruhigen Mann. »Was ist jetzt schon wieder passiert?«, fragte die Walburga etwas unruhig. Vor der Haustür sahen wir, was geschehen war. Mehrere Kinder standen verstört und verständnislos um mein Fahrrad herum, sie wurden gerade an der wichtigsten Entdeckung ihres Lebens gehindert. Der Wahrheit schon so nahe gewesen, bedeutete die Störung einen erheblichen Rückschlag für ihr Vorhaben, und Isidor Kohlberger hatte kein Verständnis für die Notwendigkeit ihrer Erkundungen. Nun hatte sich alles zerschlagen, und der Beweis konnte nicht erbracht werden. »Es ist ja net zum glauben«, schimpfte Isidor weiter, »andere Leut ihra Sach ruinieren.«

»Wir haben dem Kind da drin bloß Luft gemacht, damit es net derstickt«, hörte ich einen der

Buben sich verteidigen. »Damit's richtig schnaufen kann«, meldete sich ein anderer. »Was für ein Kind?«, fragte der Vater verärgert und verständnislos. »Na, des halt, des in der Schachtel da drin ist«, schrien die beiden fast gleichzeitig. Nun erst ging allen ein Licht auf. Aber ich konnte trotzdem nicht über diesen Streich lachen, denn der Karton mit Wochenbettpackungen, die für die Hausgeburten notwendig waren und von den Krankenkassen ausgeliefert wurden, war mit verschiedenen Werkzeugen völlig durchlöchert worden. So hatten die Kinder versucht, einen Blick auf das vermeintlich darin befindliche Kind zu werfen. Wenn auch durch die gebohrten »Luftlöcher« wieder nur Pappschachteln zum Vorschein gekommen waren, so waren sie doch davon überzeugt, dass sie tief im Karton doch noch fündig werden würden.

Isidor war entsetzt, Walburga verschlug es die Sprache und ich musste mich bei näherer Betrachtung mit der Neugierde und der Unbedarftheit der Kinder abfinden. Der Sachschaden hielt sich ja in Grenzen, und so ging man wieder zur Tagesordnung über.

Was blieb, waren unbeantwortete Fragen, Unsicherheit und große Augen, aber auch Verständnislosigkeit und Zweifel an der Wahrheitsliebe der Erwachsenen. Vielleicht wäre eine sorgfältige Aufklärung in dieser Stunde das Richtige gewesen, aber wer wollte einen Konflikt mit den Eltern, die keine Aufklärung wünschten, heraufbeschwören? »Des kommt von ganz allein, darüber braucht man net lang reden«, war die Ansicht der Erwachsenen. So ließ man die Kinder im Regen stehen, allein mit ihren Gedanken und Zweifeln. Dass die Neugeborenen offensichtlich aus dem Nichts kamen und die Meinungen darüber auseinander gingen, wollte man geklärt wissen. Ein verständlicher Wunsch, der seine Berechtigung hatte und eigentlich nicht zu verurteilen war.

Nach einigen Tagen kam ich erneut mit meinem Fahrrad zum Haus von Isidor und Walburga. Dieses Mal nicht nur besuchsweise, denn heute sollte ich diesem späten Kind zum Leben verhelfen. Es war tiefe Nacht, als ich mein Fahrrad wieder an den Gartenzaun lehnte, meinen Koffer vom Gepäckträger nahm und das Haus betrat. Glücklicherweise hatte dieses Kind die nächtliche Stunde gewählt, denn so konnte ich vor unangenehmen Fragen sicher sein. Am Morgen würden die Geschwister vor der Wiege des Neugeborenen stehen, und auf die Frage des Woher würde es wieder keine Antwort geben, nur Ausflüchte, Ungereimtes, Widersprüchliches. Walburga machte sich, als ich sie auf dieses Problem aufmerksam machte, keine Sorgen. Sie meinte: »Uns ist a nix gesagt worden, des richt sich alles von selber. Hauptsache ist, dass es rechte Leut werden, meine Kinder.«

Die Jahre des Älterwerdens zeigten bei Walburga Symptome. Müdigkeit, Erschöpfung und eine erschlaffte Bauchmuskulatur, die keine richtigen Wehen zustande brachten, zogen den Geburtsvorgang in die Länge. Beim nächsten Morgengrauen hatte Walburga es dennoch geschafft, ihr Kind zur Welt zu bringen. Das etwas zarte, unter dem Normalgewicht liegende Mädchen würde aber trotzdem am Leben bleiben. »Meinst, dass es durchkommt, des Dirndl, weil es halt so klein und so mager ist?«, war die erste Frage der Mutter. »Sterben soll es net, wenn wir auch mit ihr nimmer gerechnet haben, gell, Isidor.« Dieser nickte wie üblich zur Bestätigung und strich seiner Walburga leicht über das Haar als Zeichen der Zustimmung und des langjährigen gegenseitigen Vertrauens. Es war wie eine stille Umarmung dieser beiden Menschen, die sich auch ohne Worte verstanden und die auch dieses sechste Kind angenommen hatten.

In stiller Harmonie betrachteten beide Eltern dieses kleine Wunder, das einen guten Platz auf dieser Erde gefunden hatte. Die kleine Dorothea als Jüngste ihrer Geschwister wurde die Freude und Stütze ihrer alten Eltern. »Der Herrgott weiß schon, was er tut. Er hat uns des Dirndl noch geschickt«, war Walburgas dankbare Erklärung, und sie setzte hinzu: »Es ist ein Hebstecken für unsere alten Tage.«

## *Die Sterneckbäuerin*

Altötting, der Wallfahrtsort, der weit über die Grenzen unseres bayerischen Landes hinaus bekannt ist, spielt in dieser Geschichte eine besondere Rolle. Der Kreuzgang um das Heiligtum ist für vom Schicksal besonders Geplagte ein Weg der Zuflucht, eine Stätte der Hoffnung.

Nahe der niederbayerischen Grenze zwischen Rott und Inn auf einem der schönsten Vierseithöfe dieser Gegend ereigneten sich diese Dinge, und ich möchte sie aufschreiben, damit sie der Nachwelt erhalten bleiben.

Marianne, die Bäuerin, kannte ich schon lange, und ihren drei Kindern hatte ich damals zum Leben verholfen. Ein Mädchen und zwei Buben, die Erbfolge war gesichert auf diesem stattlichen Hof. Glückliche Menschen, so konnte man glauben, wenn man keinen näheren Einblick in diese Familie hatte. Ich wusste es anders, denn ich kannte die tragischen Vorgänge auf dem Sterneckhof und die Charaktere dieser Menschen. Marianne, das einzige Kind ihrer Eltern, heiratete den nicht standesgemäßen Knecht ihres Vaters, und dieser wurde Bauer auf dem Sterneckhof, deren Besitzer seit vielen Generationen die Bürgermeister und Gemeinderäte des Ortes stellten.

Marianne wurde als Kind streng, allzu streng erzogen und zu schweren körperlichen Arbeiten auf dem Hof verpflichtet, die selbst einen Mann kräftemäßig stark gefordert hätten. So hoffte sie, durch die Heirat eine Entlastung zu erhalten, zumindest was die schwere Männerarbeit anging, die sie von früher Jugend an zu leisten gehabt hatte. Bei der Geburt ihres ersten Kindes wurden die Folgen dieser Schwerstarbeit, die für einen weiblichen Körper nicht geeignet waren, sichtbar. Eine lange Geburtsdauer, die alle Kräfte der jungen Frau forderte, war die Folge. Schwere, schwielige Hände klammerten sich an mich in den überaus schmerzhaften Wehen, die kein Ende nehmen wollten. Schweißtriefend, alle Kräfte aufbietend, um ihre Pflicht als Mutter zu erfüllen, ertrug Marianne tapfer den Wehenschmerz, bis endlich der kleine Stefan kam.

Mutter und Kind waren durch die lange Geburtsdauer zwar vorerst erschöpft, erholten sich aber recht schnell von den Strapazen, die erhebliche Belastungen nicht nur für die Mutter, sondern auch für das Kind bedeutet hatten. »Ich hab nimmer gedacht, dass ich des übersteh, so schwer waren die Stunden«, glaubte Marianne mir sagen zu müssen. Eine überglückliche Mutter und eine ebenso glückliche Großmutter bestaunten dieses kleine Wunder der Natur, den Hoferben, in den man große Hoffnungen setzte. Als letztes kam der junge Vater an das Bett seiner Frau mit den Worten: »Ist er jetzt endlich da, der Bub, hat lang genug dauert. Wenn der allerweil so langsam ist.« Keine sehr freundliche Begrüßung, wenn man an die vergangenen Stunden dachte, die Mutter und Kind hatten durchmachen müssen. Enttäuscht von diesen lieblosen Worten schwieg die junge Mutter, nur ihr

Kind drückte sie noch fester an sich. Dabei dachte ich an die Stunde, als ich Marianne das erste Mal besucht hatte, um mich nach ihrem Befinden zu erkundigen.

Gerade ein Jahr war sie verheiratet gewesen und erwartete dieses Kind, das sie heute geboren hatte. Damals stand sie oben am Wegkreuz und schaufelte die Schneemassen zur Seite, die den Weg zum Hof zugeschneit hatten. Auf meine Frage, ob denn nicht ihr Mann diese schwere Arbeit übernehmen könnte, gab sie mir eine ausweichende Antwort, die bereits erkennen ließ, dass diese Ehe Mariannes Erwartungen so gar nicht erfüllte.

Auch das zweite Kind kam unter ungünstigen Umständen zum Leben, die von Schwerstarbeit überlastete Frau musste sich ein zweites Mal den Anstrengungen einer voraussichtlich langen Geburtsdauer stellen. Dieses Mal war es ein Mädchen. Erfreut nahm die Mutter es in die Arme, hoffte vielleicht auch, das Mädchen könnte sie später ein wenig entlasten. Doch das Schicksal nahm für beide Kinder eine ganz andere Wende, die alle Hoffnungen der Mutter zerstörte.

Es vergingen einige Jahre, bis sich ein drittes Kind auf Sterneck anmeldete. Marianne bat mich, sie zu besuchen, sie hätte Beschwerden, die sie mit mir besprechen wollte. Aber es waren nicht nur körperliche Probleme, sondern vor allem seelische, die eine Aussprache brauchten.

Sonnenüberflutet lag Sterneck an diesem frühen Nachmittag in seiner Einsamkeit vor mir. Das Kupferdach des Wegkreuzes am Rain leuchtete schon von weitem als Wahrzeichen von Sterneck und wirkte wie eine Einladung. Für einen Augenblick blieb ich vor dem blumengeschmückten Kleinod stehen, um die Schönheit unseres oberbayerischen Landes zu genießen. Wiesen und Felder ringsum, im Norden der Wald, der zu Sterneck gehörte und mitten in dieser Abgeschiedenheit Sterneck mit seinen Gebäuden und seiner Stille.

Durch das knarrende Tor betrat ich den Hof, dessen Weitläufigkeit der Größe des Besitzes entsprach. Hofhund Karo, ein gutmütiges Tier, lief jedem Besucher kläffend entgegen. Eine große Menge Grünfutter lag auf der Bodenfläche des Hofes, um in die Silos eingebracht zu werden. Daneben Marianne, die in zwei Monaten ihr Kind erwartete und schwitzend und schnaufend in Akkordarbeit versuchte, die Siloanlage zu füllen, bevor es Abend wurde und die Stallarbeit beginnen würde.

Noch während ich auf sie zuging, tauchte unter der Haustür ihr Mann, der Bauer, auf. Nicht etwa, um ihr zu helfen, sondern in weißem Hemd und heller Hose, das Haar mit Pomade zurückfrisiert. Er war gerade auf dem Weg, mit Freunden einen Schwimmkurs zu besuchen und anschließend in die ›Post‹ zum Kegeln zu gehen. Als ich meinte: »Deine Frau ist aber schon sehr erschöpft und ihr Zustand erlaubt …«, ließ er mich nicht einmal aussprechen und antwortete im Vorbeigehen mit stolzer Miene: »Ich bin der Bauer, ich kann tun, was ich mag, und dreinreden lass ich mir durchaus gar nix, wennst weißt, was ich mein.« Das waren Worte, die keinerlei Zweifel an seinen Machtansprüchen aufkommen ließen.

Marianne hatte keine Zeit, über ihre körperlichen Beschwerden mit mir zu sprechen, denn das Grünfutter musste bis zum Abend unters Dach gebracht werden. Außerdem hatte ich ja die seelischen Probleme soeben augenfällig miterlebt. Marianne stand also hochschwanger und völlig allein vor einer großen Menge Grünfutter. Sie war völlig überlastet, schwitzte, und der Bauer ging seinem Vergnügen nach. Es gab auf dem Hof niemanden, der ihr geholfen hätte.

Mit meinen Gedanken war ich nun allein, als ich mich auf den Heimweg begab. Immer noch sah ich die erschöpfte Marianne vor mir, die den Knecht ihres Vaters geheiratet hatte in dem guten Glauben, von der schweren Arbeit, die der Bauernstand mit sich bringt, entlastet zu werden. Arme Marianne. Sie hatte auf die eindringliche Stimme ihres Vaters gehört, der ihr mit Nachdruck diesen Mann als künftigen Bauern auf Sterneck empfohlen hatte. Eine Fehlentscheidung mit ungeahnten Folgen. Über Marianne und ihren Ehemann, den einstigen Knecht, der durch diese Heirat zu Besitz und Reichtum gekommen war, musste ich in dieser Zeit viel nachdenken. Noch schien diese Ehe relativ gut zu laufen, wohl vor allem, weil Marianne das selbstherrliche Verhalten ihres Mannes schweigend ertrug, sich unterordnete und so weiterschuftete, wie sie es vor ihrer Ehe ja schon hatte tun müssen.

Ich würde sie bei dieser dritten Geburt in das Krankenhaus mitnehmen, denn es gab eigentlich nichts, was bei diesem lieblosen, egoistischen Mann, der sie wahrscheinlich schon am dritten

Wochenbetttag wieder zur Arbeit drängen würde, für eine Hausgeburt sprach. Zudem machten die besonders schwierigen vorausgegangenen Geburten sowie der Tod beider Eltern, deren Hilfe nun fehlte, einen Krankenhausaufenthalt geradezu notwendig.

Meine Überlegungen wurden schließlich gegenstandslos, denn als es so weit war, war ein Kaiserschnitt zur Beendigung der Geburt notwendig geworden, um das Leben von Mutter und Kind zu retten. Die junge Mutter war von den Belastungen der Geburt, den venenkranken Beinen und dem hohen Blutverlust schwer angeschlagen und gab Anlass zu großer Sorge. Trotzdem nahm Marianne ihr Kind in die Arme, glücklich, dass es trotz seiner Schwäche lebte. Ihr einziger Wunsch war, dass ihr kleiner, kranker Christian, der sie beinahe das Leben gekostet hätte, über die schwierige Phase, die er als zu früh Geborener zu bestehen hatte, hinwegkommen möge. Es war jeden Tag die gleiche Frage an mich: »Wie geht es ihm, meinst, er kommt durch?« Nicht ihr Leben war ihr wichtig, vielmehr das ihres Kindes. Ich sagte ihr, dass sie vor allem selbst zu Kräften kommen müsste, denn erfahrungsgemäß ginge es dann auch dem Kind besser. Zwischen Mutter und Neugeborenem bestünde noch immer eine sehr starke Bindung, die sie beide voneinander abhängig machte. Mit großen Augen sah mich Marianne an, als sie sagte: »Mir ist grad so, als ob mich mit meinem Christian etwas ganz Besonderes verbinden würde, als ob ich ihn in ganz besonderer Weise noch einmal brauchen würde.«

Christian gedieh mit jedem Tag mehr, er hatte gute Chancen, die frühe Geburt gesund zu überstehen. Auch Marianne erholte sich verhältnismäßig schnell. Oft habe ich erlebt, dass die Menschen auf dem Land besonders widerstandsfähig und zäh sind. Sie verstehen sich durch ihre Robustheit gegen Krankheiten zu wehren.

Mutter und Kind versorgte ich auch später noch, als sie schon längst zu Hause waren. Marianne in ihrer Angst um die Gesundheit ihres Sohnes dankte es mir mit absolutem Vertrauen.

Lange Zeit hörte ich nichts mehr von Marianne und ihren Kindern. Doch einmal begegneten wir uns. Wir unterhielten uns lange und dachten viel an vergangene Zeiten. Ich sah noch einmal den schweren Lebensweg dieser Frau vor mir. »Weißt du noch?«, fragten wir einander abwechselnd. Als das Gespräch auf Christian kam, der als Heranwachsender eine ganz besonders enge Bindung zu seiner Mutter gehabt hatte, weinte Marianne. Da erfuhr ich von den Schwierigkeiten in dieser Familie, von den Gewalttätigkeiten ihres Mannes, aber auch von Christians Widerstand gegen den Vater, wenn er die Mutter bedrohte oder beschimpfte, ihr Dinge sagte wie: »Du musst noch ins Mausloch nei, und bald musst du nei.«

Christian wollte seine Mutter vor jedem schützen, auch vor seinem Vater. »Der Bub ist der einzige Lichtblick, den ich hab«, sagte mir Marianne beim Abschied. »Ich hab net umsonst um ihn gekämpft, es hat sich schon tausend Mal gelohnt.« So wurde Christian, dessen schwaches Leben damals an einem seidenen Faden hing, zum Schutz und zur Stütze seiner Mutter, ein Licht, das ihr im Dunkeln leuchtete und sie wärmte. Ich spürte, dass sie vieles noch nicht erzählt hatte, Dinge, die scheinbar nur ihr allein gehörten und die sie mit niemandem teilen wollte.

Seit dieser Begegnung waren wieder Jahre vergangen. An Sterneck hatte ich schon längere Zeit nicht mehr gedacht. Andere Sorgen nahmen mich in Anspruch. Manchmal war es mir, als könnten Gedanken wandern, oft sprungartig zu anderen Menschen, die man schon vergessen glaubte. Solche Gedanken waren dann plötzlich da, und das ›Warum‹ blieb vorerst offen. Kam es dann kurz nach solchen Erinnerungen oder Gedanken zu einem Zusammentreffen oder hörte man seit langem wieder einmal von diesem Menschen, so war ich über diese Zufälle oft erstaunt.

So erging es mir eines Tages, als ich glaubte, ich müsste wieder einmal zur Gnadenkapelle in Altötting, die ich hin und wieder aufsuchte, um meine Gedanken zu ordnen, in der Ruhe, in der Stille zu mir selbst zu finden und mir Kraft zu holen. Stille umgab mich, nur das Murmeln der Gebete draußen auf dem Kreuzgang war zu hören. Beim Verlassen der Kapelle gingen oder rutschten auf den Knien die mit Kreuzen beladenen, vom Kummer geplagten Pilger an mir vorbei. Tief in sich versunken murmelten sie ihre Bitten und baten innig um Erhörung ihrer Gebete. Eine tief gebeugte Frau mit einem besonders schweren Kreuz auf dem Rücken fiel mir auf, weil, wie ich sehen konnte, sie alle ihre Kräfte mobilisierte, um auf den Knien die Umrundung der Kapelle zu vollenden.

Ich glaubte zu träumen, als ich die Betende erkannte. Es war Marianne, die Sterneckbäuerin. Sie rutschte auf ihren Knien über die ausgetretenen, blank geriebenen Fliesen des Kreuzgangs, Stück um Stück, leise betend, in sich versunken. Manchmal wurde sie in ihren Bewegungen etwas langsamer, brachte aber bald ihren Weg zu Ende. Wie oft wird sie ihn heute schon hinter sich gebracht haben? Welcher Kummer wird sie veranlasst haben, so viel Beschwerden auf sich zu nehmen? Was erbat sie wohl von den Heiligen? Ich wartete, bis sie ihren Weg beendet hatte, um sie anzusprechen.

Während ich ihr auf die Beine half, fragte ich: »Hast du so großen Kummer, dass du diesen Weg gehen musst?« Sie antwortete: »Heut hab ich schon so viel an dich denken müssen, dass mich gar nix wundert, dass du da bist.«

»Marianne, was ist geschehen?«, fragte ich erneut. »Du bist doch nicht grundlos hierher gekommen.« Draußen auf der Bank unter den Bäumen rieb sie wortlos ihre wunden Knie, die sie erheblich schmerzen mussten. Müde und erschöpft sah sie aus, und der Kummer, der sie plagte, war ihr ins Gesicht geschrieben. Dann begann sie zu sprechen, erst langsam, jedes Wort betonend: »Benno, mein Mann, ist fort. Er hat mich und die Kinder verlassen.« Nach einer kleinen Pause sprach sie weiter: »Mit einer anderen Frau wollte er ein neues Leben beginnen. Nun betreibt er die Versteigerung des Hofes, weil er ihn hoch verschuldet und mir keinen Einblick ins Soll und Haben erlaubt hatte. Ich unterschrieb zweifelhafte Geschäfte, Bürgschaften, Kredite, die er mir zusammengefaltet zur Unterschrift gereicht hatte.« Eine längere Pause entstand, in der wir beide schwiegen. Ganz verzweifelt fuhr sie nun fort: »Auch die Kinder haben mich verlassen, nur Christian, mein Lichtlein, ist mir lange geblieben, er als Einziger ... doch gestern ist auch er gegangen. Ich habe keine Hoffnung mehr.« Eine Lebensgeschichte, wie sie tragischer kaum sein konnte.

Die Sonne stand schon tief im Westen und tauchte die Kapelle in goldenes Licht. Es wollte Abend werden, wir trennten uns. Unsere Wege führten in verschiedene Richtungen, Marianne, gedankenversunken mit wehem Herzen in die eine, ich in der Hoffnung, dass die Bitten dieser gläubigen Mutter Erhörung finden mochten, in die andere.

Um diese Geschichte zu Ende zu erzählen und weil Marianne, die Sterneckbäuerin, in ganz besonderer Weise zu meinen Erlebnissen gehört, noch das Folgende: Die Sterneckbäuerin konnte durch umsichtiges Wirtschaften und härteste Arbeit den Schuldenberg abtragen, den der Ehemann ihr hinterlassen hatte. Sterneck, ihre angestammte Heimat, blieb somit erhalten.

Sie gab die Hoffnung nicht auf, dass eines ihrer Enkelkinder Sternecker Blut in seinen Adern hatte und ihr und ihrer Ahnen Erbe einmal übernehmen und weiterführen würde. »Ich würde«, so sagte sie mir, »dieses Kind an die Hand nehmen und ihm sagen, dass Jahrhunderte vor uns den Menschen, die hier lebten, diese Erde Brot und Heimat gegeben hat. Ich würde mit ihm über das reiche, fruchtbare Land gehen, ihm die wogenden Kornfelder und den Wald mit seinem reichen Baumbestand zeigen. Ich würde dieses Erbe auf Treu und Glauben in seine Hände geben, damit Sterneck weiterlebt. Wenn sich dieser Wunsch erfüllte, dann wäre ich glücklich, dann hätte ich nicht umsonst gelebt.«

## *Ein Kind sucht seinen Vater*

Eine geplagte Frau war sie, die Hafenederin. Des Öfteren sah ich sie, wenn sie mit ihren zwei Geißen in den Auenwald, den Futterplatz für die beiden Tiere, einbog. Begegneten wir uns, wenn ich zu Fuß unterwegs war, dann war ihre erste Frage: »Bist schon wieder unterwegs heut? Zu neiden bist net, weilst so viel auf die Füß sein musst und allerweil die Jammerei. Naa, des wär nix für mich.«

»Ja«, meinte ich, um auf ihre Worte einzugehen, »du warst doch auch froh, wenn eine Hebamme zu dir kommen ist damals.«

»Ja, des schon, aber ich hab sie lieber von hinten gesehen als von vorn«, und nach einer kleinen Pause, während der sie sich die Nase putzte, erzählte sie weiter. »Ich hab sie halt acht Mal braucht, die Hebamm, und da freut man sich eben nimmer, wenn man sie sieht, aber jetzt ist des anders. Ich mach gern mit dir einen Ratsch, weilst mir nimmer gefährlich wirst. Ich mag dich sonst gut leiden«, bekundete sie, »aber mit dem Koffer wennst kommst, dann bist mir unsympathisch.« Diese Aussage sollte später noch eine besondere Bedeutung bekommen, denn eine ihrer Töchter brachte nun das zweite uneheliche Kind nach Hause. Es wurde von der Großmutter mit wenig Freude aufgenommen, das war verständlich. »Jetzt geht es wieder von vorn los«, meinte die Hafenederin verärgert zu mir. »Es ist ein Kreuz, wenn man

Dirndln hat, weil sie mit die ledigen Bankerten daherkommen, und ich hab die Plag damit.« Um sie ein wenig zu trösten, sagte ich ihr: »Aber schau, Hafenederin, es sind zwei gesunde Kinder, die werden ohne viel Mühe groß, und du bist doch in den besten Jahren. Du schaffst das ganz gewiss.«

Die Mutter der beiden Kinder arbeitete in einem Münchener Haushalt. »Da kriegt sie fünf Mark die Woch und hat Kost und Logis. Na ja, schlecht is des net, und wenn man spart, kommt schon was zusammen«, erklärte mir die Hafenederin. Mit dem Kindsvater sah es weniger gut aus. Er fühlte sich in dieser Situation überfordert und hatte sich aus dem Staub gemacht. Die Kinder und die damit verbundenen Probleme hatte er kurzerhand der Mutter überlassen. Die Folge war ein langjähriger Vaterschaftsprozess, der schließlich zugunsten der Mutter entschieden wurde. Die Hafenederin versorgte die beiden Buben vorbildlich, und die Ziegenmilch förderte Wachstum und Gedeihen der Kinder ganz ausgezeichnet.

Agnes, die junge Mutter, heiratete später, ihre Schwiegermutter nahm die Kinder zu sich und sorgte für ihr körperliches und seelisches Wohl. Die Hafenederin glaubte ich nun wieder allein in völliger Zufriedenheit. Wie sehr ich mich irrte. Als sie mir eines Tages mit ihren Geißen begegnete, da kam sie weinend auf mich zu. Auf meine Frage, ob sie krank sei, antwortete sie: »Weißt, die zwei Buben, die gehen mir halt ab. Ich hätt sie net hergeben solln. Ich brauch die Kinder. Jetzt ist mei Häusl so leer, weil die zwei nimmer da sind.« Die Großmutter war nun wieder allein mit ihren zwei

Geißen und den fünf Hühnern. Ihr blieb nur die Sehnsucht nach den beiden Kindern, die ihr plötzlich, von heute auf morgen, genommen worden waren, und das schmerzte. Mit ihrem Schürzenzipfel putzte sie umständlich ihre Nase und wischte sich ein paar Mal über die Augen.

Diese Frau, der das Leben nichts geschenkt hatte, und die mit beiden Beinen auf dem Boden stand, war krank vor Heimweh nach den beiden Enkeln, die zu ihrem Lebenssinn geworden waren. Von den ledigen Bankerten war schon lange keine Rede mehr. Damals wussten wir beide noch nicht, wie schnell Nachschub ins Haus kommen sollte. Die jüngste Tochter sorgte dafür, dass es nicht leer blieb und der Hafenederin Arbeit und Sorgen nicht ausgingen. »Jetzt hätt ich mich grad ein wenig abgefunden, dass ich wieder allein bin und dass die zwei Buben net zu mir, sondern zur Mutter gehören, die ein Recht auf die Kinder hat, da geht die Gaudi wieder von vorn los. Wie ich immer sag, Dirndl wennst hast, is a Kreuz.«

»Du wirst auch dieses Kind mögen, so wie die zwei Buben, die dich auf Trab gehalten haben; dabei bist du jung geblieben.« Diese Antwort gefiel der Hafenederin. Es war ja fast ein Kompliment, so etwas bekam sie sonst nie zu hören.

An einem Sonntag musste also Kathi, die Jüngste, meine Hilfe in Anspruch nehmen. Erst gestern aus München angereist, war es höchste Zeit, bei ihrer Mutter Unterschlupf zu finden. Es war ein Bub, der schnell und ohne Schwierigkeiten zum Leben kam. Die Freude bei Mutter und Großmutter war gedämpft. »Wieder a Ledigs mehr auf dieser

Welt, und a Mutter, die net geheirat wird. Mei, sind die Dirndl dumm«, resümierte die Hafenederin. Die Kathi musste sich damit abfinden, dass die versprochene Heirat zunächst auf Eis gelegt und schließlich vergessen wurde. Nun war es da, das Produkt leerer Versprechungen und schöner, verlogener Worte, und der Streit um die Vaterschaft stand an. Eine schwierige Lebensphase für alle unehelichen Mütter, deren Partner sie allein gelassen hatten und die nun vor Gericht den Unterhaltsanspruch für ihre Kinder erklagen mussten. Tröstend für Kathi war es, dass sie ihr Kind bei ihrer Mutter immerhin in guten Händen wusste, versorgt und gepflegt, vor allem geliebt, denn alle Großmütter lieben ihre Enkel.

So ging ein Jahr vorbei, in dem ich gelegentlich bei der Hafenedergroßmutter hereinschaute und das Gedeihen des kleinen Sebastian bestaunen konnte. Vorbildlich wurde dieses Kind umsorgt, und die Hafenederin war sehr stolz auf mein Lob. Kathi kam selten, um ihr Kind zu sehen. Die teure Bahnfahrt sei dafür verantwortlich, hieß es, denn der Verdienst einer Hausmagd wäre so bescheiden. Offenbar war das auch die Sehnsucht der Mutter nach ihrem Kind.

Nun, der kleine Sebastian schien auf den Besuch seiner Mutter so gut wie keinen Wert zu legen. Für ihn war sie eine Fremde, die nicht hierher gehörte. Es war für ihn unverständlich, dass die Mutter ihn zuweilen in ihre Arme nahm und mit Liebe überschütten wollte. Das ging zu weit. Geschrei, Tränen und Abwehr waren seine Reaktion, und er war froh, in die Arme der Großmutter flüchten zu können. Kathi kam immer seltener, um ihren Sohn zu sehen. Schließlich erlosch die dürftige Liebe zu ihrem Kind ganz und sie kam nicht mehr. Die Fahrt wäre zu weit, die Reisekosten wären zu hoch und ihr Geld sei zu knapp, um sich das leisten zu können. »Und das Kind mag mich eh nicht«, war die Meinung der Mutter.

Für Sebastian war das nicht schlimm. Die Großmutter war ja da, sie ersetzte Mutter und Vater und gab ihm alles, was er zu seinem noch jungen Leben brauchte. So wuchs die stille Zusammengehörigkeit der beiden, die sich auch in Sebastians späterem Leben fortsetzen sollte. Gegenüber seiner leiblichen Mutter vollzog sich eine Entfremdung für immer.

Wieder einmal kam ich an dem Häusl der Hafenedergroßmutter vorbei und wie gewohnt schaute ich nach ihr und dem Kind. Sebastian war mittlerweile zwei Jahre alt geworden, ein gesundes, hübsches Kind, aber skeptisch gegen alles Fremde, was die Zweisamkeit mit seiner Großmutter stören könnte. Es war eine so innige Verbundenheit zwischen den beiden, dass ich, sollte es zu einer Trennung kommen, dramatische Folgen befürchtete. Aber vorerst lag ein erzwungenes Auseinandergehen in weiter Ferne.

Doch plötzlich kam Kathi wieder nach Hause zurück. Nicht die Sehnsucht nach ihrem Kind trieb sie hierher, der Grund war ein anderer. Sie wollte hier ein zweites Kind zur Welt bringen. »Kann ich dableiben, Mutter?«, war ihre Frage. Etwas irritiert von dem unerwarteten Besuch, der neue, unerfreuliche Dinge mit sich brachte, nickte die Mutter nur zustimmend. Was nutzten jetzt in dieser Situation noch Vorwürfe. Auch dieses unerwünschte, aber gesunde Kind nahm ich in meine Hände und legte es der Mutter in den Arm, die es stumm und freudlos betrachtete.

Wieder gab es keinen Vater, der im Standesamt hätte vermerkt werden können. Kathi war schon wieder die Sitzengelassene, die Dumme, die Betrogene. Nun hatte sie ein zweites Kind, dessen Vater sich der Verantwortung entzog. Am letzten Tag des Wochenbettes, als ich mich von Kathi verabschiedete, glaubte ich, der jungen Mutter sagen zu müssen. »Sei nicht so leichtgläubig, Kathi, und trau nicht jedem Nächstbesten, denn du wirst, wie du siehst, nur benutzt und dann weggeworfen. Dafür musst du dir zu schade sein.«

»Ich hab gemeint, er wird mich heiraten, deswegen …«, war Kathis Antwort.

»Du siehst, du bist betrogen worden, und du wirst es wieder, wenn du weiterhin vergisst, wer du bist. Es wäre gut, wenn du über unser Gespräch nachdenken würdest. Unter solchen Umständen und Bedingungen möchte ich nicht mehr zu dir kommen.« Kathi weinte und sie versprach mir, in Zukunft auf sich aufzupassen. Kathis weiteres Leben zeigte, dass ihre guten Vorsätze in den Wind geschrieben und ihr Versprechen nur leere Worte waren.

Ich möchte Kathi zugute halten, dass ihr Verhalten zwar unverständlich, wohl aber zu einem guten Teil ihrer Naivität zuzuschreiben war. Ihr Leben verlief so wirr, weil sie nur in der einen Hoffnung lebte, doch irgendwann geheiratet zu werden, und dafür war sie zu allem bereit. Sie wollte erzwingen, was sich nicht von selbst ergab, und damit verbaute sie sich immer mehr die Chancen auf eine feste, dauerhafte Partnerschaft.

Aus ihrer Vergangenheit hatte Kathi nichts gelernt. Auch für ein drittes Kind und bald darauf noch für ein viertes erbettelte sie die Aufnahme bei ihrer Mutter, die mit gerunzelter Stirn, zusammengekniffenen Lippen und einem viel sagenden, missbilligenden Blick schweren Herzens die Tür öffnete. »Des ist jetzt des letzte Mal, dass du deine ledigen Bankerten bei mir unterbringen kannst, des letzte Mal, hast mich verstanden«, schrie die Hafenederin ihre Tochter an. »Ja, gewiss, Mutter«, stotterte diese, »ich weiß a net, warum ich allaweil glei a Kind krieg, des is a Kreuz!«

»Ja, fragen möcht ich da noch. A Schlampen bist, und so was hab ich großzogen!« Das waren harte Worte, die nicht unbedingt der Wahrheit entsprechen mussten, aber eben die Reaktion einer Mutter waren, der das Verhalten ihrer Tochter zutiefst missfiel. Auch diese Geburt verlief wie die vorausgegangenen schnell und ohne Schwierigkeiten, obwohl es keine ärztliche oder fachliche Vorsorge gegeben hatte. Es kam kein Laut über Kathis Lippen, damit nicht noch mehr Vorwürfe von der Mutter kamen. Ihren körperlichen, vor allem aber ihren seelischen Schmerz trug sie aus Angst und aus Hilflosigkeit ganz allein.

Auf meine Frage, »Gibt es dieses Mal einen Vater für dein Kind?«, war die erste Antwort ein Kopfschütteln und nach einer kleinen Pause kamen zögerlich die Worte: »Als er von meinen Zustand erfahren hat, ist er fort, verschwunden, einfach verschwunden. Ich weiß net, wohin.« Es war die erschreckende Geschichte einer betrogenen Mutter, die nicht einmal mehr weinen konnte. Schon wieder war sie die Dumme, die leichtfertige Kathi, die wieder und wieder auf skrupellose Männer hereinfiel und die Konsequenzen allein zu tragen hatte. Es ist schwer, allzuviel Mitleid mit einer Frau zu haben, die sich in diese Lebenslage selbst hineinmanövriert hatte. Trotzdem, meine ich, sollte man Kathi nicht verurteilen, weil sie all ihre Kinder angenommen, sie trotz der erschwerten Umstände zur Welt gebracht und den Gedanken einer Abtreibung immer zurückgewiesen hatte. Daran musste ich denken, als ich dieses junge Leben in meinen Händen hielt, gesund und rosig mit keinem, nicht dem geringsten Fehler. Ein Kind, das für das Fehlverhalten seiner Mutter einfach keine Schuld trug, das ein warmes Nest und ein wenig Zuwendung brauchte, das aber auch die Bürde, ein uneheliches Kind zu sein, mit in sein Leben nehmen würde.

An einem der schönsten Frühsommertage ließ mir die Hafenederin sagen, dass ich bei ihr vorbeikommen möchte, eines der Kinder wäre krank und sie wüsste in diesem Fall nicht recht, was zu tun wäre. Die Großmutter hatte Angst um das ihr anvertraute Kind, das doch hoffentlich nicht sterben müsste! Sie mag es zwar damals nur widerwillig bei sich aufgenommen haben, dennoch war ihr das Kleine längst ans Herz gewachsen, war sie eine besorgte Großmutter. Sie ließ mich also rufen.

Um das Haus der Hafenederin herum blühten roter Mohn, Stiefmütterchen und Vergissmeinnicht in reicher Fülle und Vielfalt, und über allem strahlte ein blauer Himmel. Eine Freude für Auge und Seele. Der Gesundheitszustand des Kindes war nicht beängstigend, und die Großmutter würde mit Kräutern, Wickeln und Schweinefett die Erkältung rasch auskurieren können. »Mei, bin ich froh, dass es nix Ernstes ist, man hat halt Angst«, sagte sie erleichtert, der Sorge um das kranke Enkelkind enthoben. »Jetzt mach ich uns einen Pfefferminztee, damit du net ganz umsonst kommen bist«, lud sie mich ein. Der Tee, von frischen Blättern aufgebrüht, war stark, so dass das kräftige Aroma der Minze wohltuend in die Nase stieg, und wir genossen ihn im friedlichen Gespräch. Doch was dann geschah, hätte ich lieber nicht erlebt.

Es war die Begegnung mit Kathi, die plötzlich in der Tür stand und ihr fünftes Kind in das Haus der Mutter bringen wollte. Ein leises »Grüß Gott« hörte ich, ein Gruß, der nicht erwidert wurde. Über diesen unerwarteten Besuch waren wir beide erschrocken, fast entsetzt, als Kathi leise und schuldbewusst in die Stille hinein fragte: »Mutter, es ist des letzte Mal, darf ich dableiben?«

Großer Zorn veränderte das sonst so friedliche Gesicht der Hafenederin, und die zwei steilen Falten auf ihrer Stirn verhießen nichts Gutes: »Naa, für so a Schlampen wie du ist kein Platz in meinem Haus. Geh hin, wo du herkommen bist mit deinem Kind. Ich will dich nie mehr sehen, und jetzt schau, dass du rauskommst.« Ich war geschockt über die Härte dieser Mutter, die ihre Drohung trotz der Not der Stunde wahrgemacht hatte. »Bist noch net draußen!«, hörte ich sie schimpfen.

Ich war erschüttert und wusste nicht, wie ich mich verhalten sollte. Einerseits das Verständnis für die Mutter, andererseits das Mitleid mit Kathi, die heute erneut in größter Not zur Mutter gekommen war, kämpften in mir. Gab es überhaupt eine brauchbare Lösung, die beiden Teilen gerecht werden könnte? Kathis Blicke gingen hin und her und blieben schließlich bittend an mir hängen, ganz so als wollte sie sagen, hilf mir, ich weiß keinen Ausweg. Zwischen der Hafenederin und mir gab es nun eine schwierige Auseinandersetzung. Meine Argumente waren, dass man eine werdende Mutter, die so kurz vor der Geburt ihres Kindes stand, nicht vor die Tür setzen könnte, selbst wenn vielleicht Gründe, verständliche Gründe dafür existierten. Man sollte aus Menschlichkeit Gnade vor Recht ergehen lassen. Doch meine Worte kamen bei der tief verärgerten Hafenederin nicht an. Kathi stand noch immer mit Koffer und Handtasche vor der Tür und blickte zu Boden. Sie weinte. Ihre Mutter schimpfte, und ich versuchte wieder und wieder, eine halbwegs annehmbare Lösung in dieser verzwickten Lage zu finden.

Schließlich einigten wir uns nach hartem Ringen, dass Kathi vorerst bei ihrer Mutter bleiben durfte. Zur Geburt würde ich sie mit ins Krankenhaus nehmen und von dort aus die Adoption des Kindes vorbereiten. Es war zwar keine sehr glückliche Lösung des Problems, aber doch insoweit brauchbar, als dass Kathi vorerst eine Bleibe hatte.

Eine Woche später wurde am Standesamt der Gemeinde M. die kleine Elisabeth als fünftes Kind der ledigen Dienstmagd Katharina Hafeneder eingetragen; Vater des Kindes verschollen. Ein rundum gesundes, kräftiges Mädchen, ausgestattet mit allen guten äußeren Gaben, wartete nun auf Adoptiveltern, die ihm ein Zuhause und Geborgenheit geben würden, weil die uneheliche Mutter dazu nicht in der Lage war. Ein Vorgang, der nach meiner Erfahrung immer mit Tränen der Mutter verbunden war.

Jahre vergingen. Kathis langjähriger Wunsch hatte sich erfüllt. Ein älterer Witwer hatte sie geheiratet, ihr aber gleichzeitig jeden Kontakt zu den Kindern untersagt. Die Hafenederin war alt und müde geworden. Sie war nicht mehr in der Lage, ihre Enkelkinder zu versorgen. Bei anderen Verwandten und in Pflegeplätzen wurden sie untergebracht. Das gemeinsame, freie Leben in der Obhut der Großmutter gab es nicht mehr. Die Trennung, die sich unter Geschrei und Tränen vollzog, schmerzte beide Seiten. Lange noch, so erzählte mir die Hafenederin, habe sie das Weinen der Kinder gehört. »Des war bitter, sehr bitter«, dabei wischte sie sich die Tränen vom Gesicht.

Nur der zwölfjährige Sebastian als Ältester wehrte sich erfolgreich gegen die Trennung. Er wollte bei der Großmutter bleiben, ihr helfen und sie in ihrem Alter unterstützen, denn sie war der einzige Mensch, dem seine kindliche Liebe gehörte. Seine Großmutter wollte er nicht verlassen. In ihrem Häusl wuchs Sebastian heran, ein intelligenter, in sich zurückgezogener Jugendlicher, der rasch erfasste, dass seine uneheliche Herkunft ihn von den anderen Kindern in der Schule unterschied.

Schließlich begann er, über seine Familie nachzudenken. Der Auslöser war ein Aufsatz in der Schule mit dem Titel ›Mein Vater‹ gewesen. Dass Sebastian zu diesem Thema absolut nichts schreiben konnte, war klar. Wie sollte er einen Vater beschreiben, den er nicht kannte, von dem nie gesprochen worden war, den es vielleicht für seine Begriffe nie gegeben hatte. Auf dem weißen Blatt des Schulheftes stand nur ein Satz, berichtete mir sein Lehrer. »Ich habe keinen Vater.« Lehrer Neumeier hatte sehr viel Verständnis für Sebastian und seine Lage, gerade auch, was das Problem ›Vater‹ betraf.

»Wer ist mein Vater?«, fragte Sebastian eines Tages seine Großmutter. Doch diese musste die Antwort schuldig bleiben, und meinte nur: »Da musst du deine Mutter fragen.« Das hätte aber eine Reise nach München bedeutet, zu einem Stiefvater, der ihn nicht sehen wollte. Dennoch: Der Sechzehnjährige, der inzwischen als Lehrling ein wenig verdiente, wagte das Unternehmen und reiste mit finanzieller Unterstützung der Großmutter nach München, wo er seinen Vater ausfindig machen wollte. Doch die Antwort der Mutter war enttäuschend, als sie sagte: »Ich weiß net, wie der heißt und wo der is. Warum möchst du des wissen?«

»Weil jedes Kind an Vater hat, deswegen.«

»Frag net so viel, und jetzt geh wieder, weil mein Mann, der Schorsch, gleich kommt, und der will dich net sehen da herin«, befahl ihm seine Mutter etwas nervös.

»Ich geh eh glei, weil von dir kann ich a nix erfahren. Net einmal den Namen meines Vaters kannst mir nennen«, antwortete er verärgert. Sebastian hatte schon seine Hand auf der Türklinke, als seine Mutter doch noch einen Namen nannte, der angeblich der Name seines Vaters sein sollte. Doch dieser Name war, wie er später erfuhr, nirgends registriert. Gab es diesen Mann oder war er von seiner Mutter nur erdacht, um ihn wieder loszuwerden?

Ein enttäuschter Jugendlicher trat traurig die Rückreise zu seiner Großmutter an, die seine Nöte noch immer am besten verstand, die für ihn Vater und Mutter war, die ihn trösten konnte und die ihn mit ihrer Liebe umgab. Die Großmutter war der große Halt in seinem jungen Leben. Sebastian hatte zwar einen biologischen Vater, dessen Erbanlagen er in sich trug, der jedoch keinerlei Verantwortungsbewusstsein besaß.

Wieder vergingen Jahre im Wechsel der Zeitläufe. Es war Sommer geworden, und vor dem Haus der Hafenederin blühten wieder roter Mohn, Vergissmeinnicht und Stiefmütterchen in reicher Fülle. Großmutter Hafeneder saß auf der Bank vor dem Haus und betrachtete nachdenklich die blühende Pracht. Die beiden Geißen hatten schon lange ihr glückliches Geißenleben, das der Auenwald ihnen gegeben hatte, beendet. Freundlich lächelnd lud sie mich zum Niedersetzen ein und meinte: »Für einen kleinen Ratsch wirst schon a wenig Zeit haben.« Auf meine Frage wie es ihr ginge, antwortete sie: »Ja, mei, die Füß halt, aber da will ich net jammern, weil's mir sonst so gut geht. Mein Bub, der Sebastian, is ja da, und der gehört zu meinem Leben, mehr brauch ich net.« Sebastian, zu dessen Geburt seine Mutter von der Hafenederin einst nur murrend in ihrem Haus aufgenommen worden war, und die ihr das Kind einfach dagelassen hatte, war zum Sinn ihres Lebens und zur Stütze ihres Alters geworden.

## *Philomena, die Hexe*

Der Aberglaube hatte zu damaliger Zeit einen hohen Stellenwert. Mancher Lebensabschnitt wurde ganz danach ausgerichtet, sehr viele Menschen glaubten an die abstrusesten »Weisheiten«.

Philomena war eine einsame alte Frau, die keinen Kontakt zu ihren Mitmenschen pflegte und in dem Ruf stand, übersinnliche Kräfte zu besitzen. Angeblich übertrug sie böse Gedanken und Verwünschungen mittels Telepathie auf andere Menschen. Natürlich gingen die Leute ihr aus dem Weg, soweit sich dies einrichten ließ, und suchten außer einem kurzen Gruß keinen Kontakt zu ihr. Besonders schwangeren Frauen, so hieß es, lauerte sie an den Hausecken auf. Diese wären ihren bösen Gedanken in besonderer Weise ausgeliefert, denn sie könnten zu Schwierigkeiten bei der Geburt, zur Missbildung oder gar zum Tod eines Kindes führen. Die Leute waren überzeugt, dass unstrittige Tatsachen für die übersinnlichen Kräfte der bösen, besessenen Philomena sprechen würden. Wenn wir beide uns begegneten, wechselten wir ein paar Worte, sie war nicht besonders freundlich, aber auch nicht unfreundlich. Als sich einmal mehrere Fehlgeburten häuften, war man sich einig: Philomena, die Hexe, war schuld an diesen tragischen Vorgängen.

Frau Kühn, die geradezu krankhaft unter ihrer Kinderlosigkeit litt, konsultierte mich des Öfteren und erwartete von mir Empfehlungen und Ratschläge, die den dringenden Wunsch realisieren helfen sollten. Himmelhoch jauchzend kam sie manchmal zu mir, wenn sie glaubte, dass es nun endlich so weit sei, und tief deprimiert, wenn ihre Vermutung ein Irrtum gewesen war. Nach mehrjähriger Ehe und langen ärztlichen und heilpraktischen Behandlungen, mit teilweise fragwürdigen Mitteln des Aberglaubens und der Quacksalberei, hatte sie schließlich ihre Schwangerschaft erzwungen. »Endlich«, so hieß es in ihrer Familie, »die is ja eh schon halb verrückt.« Über das richtige Verhalten in diesen Monaten erbat sie von mir Aufklärung und Ratschläge, bei der kleinsten Unpässlichkeit wünschte sie meine Besuche am Tag oder auch in der Nacht.

Es waren Monate, die nicht nur mich nervten, auch ihre Familie litt unter der extremen Hysterie der werdenden Mutter. Eines Tages kam sie tief erschüttert zu mir, um mir das Schreckliche zu berichten, das sich soeben ereignet hätte. Völlig außer sich begann sie zu erzählen: »Philomena, die Hexe, ist mir begegnet. Helfen Sie mir, ich habe Angst um mein Kind, denn als ich mich beim Weitergehen noch einmal umdrehte, warf sie mir einen derart bösen Blick nach, so dass sie mir Angst einjagte. Sie wird mich doch nicht verwünscht haben, die Philomena!«

Meinen beruhigenden Worten, dass das Zusammentreffen mit dieser alten Frau nichts zu bedeuten und das Kind mit Sicherheit keinen Schaden erlitten hätte, fanden kein Gehör. Sie war der festen Überzeugung, dass aufgrund dieser Begegnung schlimme, ja dramatische Dinge auf sie zukommen würden.

Nach einigen Tagen kam es wider Erwarten zu einer Fehlgeburt bei Frau Kühn. Eine zutiefst verzweifelte Mutter klagte die Hexe Philomena an. Die sei schuld, dass sie ihr Kind verloren habe. Mein Einwand, dass es vermutlich auch ohne die Begegnung mit Philomena zu diesem Drama gekommen wäre und eher ihre Angst dazu beigetragen hätte, die Fehlgeburt zu beschleunigen, konnte sie nicht trösten. Auch als Philomena längst verstorben war, ereigneten sich übrigens hin und wieder Fehlgeburten, deren Gründe jedoch im Dunkeln blieben.

Als ich eines Nachts zu einer Geburt in einen Ort gerufen wurde, der außerhalb meines Gebietes lag, fand ich mich wieder dem puren Aberglauben gegenüber. Auf meine Frage an die Mutter, ob die zuständige Hebamme krank oder verhindert sei, bekam ich zur Antwort: »Das weiß ich nicht. Ich habe Sie deswegen rufen lassen, weil unsere Frau Kern immer nur Mädchen holt. Das ist direkt auffällig und kann nicht mit rechten Dingen zugehen, und mein Mann will doch unbedingt einen Sohn. Da ist mir gesagt worden, dass das auch an der Hebamme liegen könne. Ich solle sie unbedingt dieses Mal wechseln.« Aber auch dieses Kind war ein Mädchen, das sechste in dieser Familie. An der Hebamme lag es wohl nicht.

Der Aberglaube, der tief im Innern der Menschen, ganz besonders in Herzen der werdenden Mütter, seine fatale Wirkung entfaltete, ihnen häufig die innere Ruhe und die Freude auf ihr Kind nahm, wurde auch für mich gelegentlich zum Albtraum. Wenn nachts ein Käuzchen in unmittelbarer Nähe schrie, so schrillten bei vielen von ihnen die Alarmglocken. Auch Frau Steglitz, die in etwa zwei Monaten ihr Kind erwartete, kam mit dem Käuzchen-Anliegen zu mir. Mit zitternder Stimme berichtete sie: »Es hat heut Nacht direkt vor meinem Fenster geschrien, das Käuzchen, nicht nur einmal, mehrere Male, und ganz laut. Oh, dieser Vogel bringt uns Unheil. Was kann ich tun, um das Unglück, das über uns und unserem Kinde schwebt, abzuwehren?« Mit großen, bittenden Augen erwartete Frau Steglitz von mir Hilfe oder ein Mittel, um den Schrei des Käuzchens irgendwie außer Kraft zu setzen.

Aber hier wären selbst Tierwissenschaftler überfordert gewesen, dem Vogel sein angeborenes Schreien zu verbieten. Frau Steglitz war unglücklich, weil es kein Mittel, kein Verbot für das natürliche Verhalten dieses Tieres gab. Ein schlechtes Omen für diese Familie, denn der Schrei des Totenvogels, dessen Namen der Kauz unverdienterweise trug, würde auf jeden Fall Unglück bringen, so sagte der Aberglaube.

Mit Bangen sah Frau Steglitz der Geburt ihres Kindes entgegen. Würde das so sehr erwünschte Kind trotz des mysteriösen Schreis des Käuzchens am Leben bleiben? Alle Freude war seit jener Nacht dahin. »Es ist sehr schade«, so meinte ich, »dass Sie diese glückliche Zeit bis zur Geburt ihres Kindes in Angst und Sorge verbringen. Geben Sie ihrem Kind frohe Gedanken mit auf den Weg und bewahren Sie Ruhe.«

Die Tage der letzten Wochen gingen dahin, abwechselnd in getrübter Freude und großer Sorge um das Leben des Kindes. »Mit diesen Voraussetzungen stehen die Karten schlecht«, jammerte Frau Steglitz.

An einem Sonntagmittag war es dann so weit. Ich wurde geholt, doch es kamen schwere Stunden bis tief in die Nacht hinein, die der Gebärenden nicht nur körperlichen Schmerz brachten, sondern vor allem schlimme Sorgen um das Leben ihres Kindes. »Meinen Sie ..., glauben Sie ...«, waren ihre ständig wiederholten Fragen.

Im Stillen verwünschte ich diesen Vogel, der mit seinem Geschrei die Herzensruhe der Mutter so blockiert hatte. Diesen Aberglauben ernsthaft in Frage zu stellen, wäre absolut sinnlos gewesen. Es waren felsenfeste Vorstellungen; ein Glaube, der im Innern dieser Menschen seinen eisernen Platz hatte, und an dem nicht zu rütteln war. Es war besser, zu diesem Thema zu schweigen, als sich in nutzlosen Diskussionen zu verlieren. Ich spürte die Spannung, mit der der erste Schrei dieses Kindes erwartet wurde, förmlich im Raum knistern. Es war ein nervöses Kommen und Gehen des Ehemannes, ein Hinsetzen und Wiederaufstehen. Eine schlimme Unruhe der gereizten Nerven. Dann endlich war es da. Es war am Sonntag um genau halb zwölf Uhr, als der kleine Alexander mit einem kräftigen Schrei die Familie Steglitz von den Sorgen um sein Leben erlöste. Ein kräftiges Kind, rundum gesund, mit makellosem Körper, wenn man von einem kleinen Muttermal am Oberarm absah. Nacheinander kamen die Schwiegereltern und Onkel, um das Kind zu bestaunen, das so viel Ängste ausgelöst hatte. »Sei nun herzlich willkommen, mein Kind«, hörte ich die Mutter unter Tränen sagen. Bei so viel Freude bleibt man auch als Hebamme nicht unberührt. Im Arm seiner Mutter fühlte sich der Kleine gut aufgehoben und von den Ängsten, die seine Mutter so lange gequält hatten, schien er nichts zu wissen. Der Spuk des Totenvogels hatte sich in nichts aufgelöst, so dachten wir.

Der kleine Alexander gedieh prächtig. Nach einigen Wochen war er zu einem besonders hübschen Baby herangewachsen, und das Glück über dieses Kind war überschwänglich. Einer so maßlosen Freude pflegte ich immer ein wenig zu misstrauen. Ein Gefühl, das ich nicht genau erklären konnte und das mich aber dennoch beunruhigte. Obwohl ich also mit gemischten Gefühlen das Wachsen dieses gesunden Kindes beobachtete, teilte ich die Freude von Eltern und Großeltern ganz und gar.

Doch dann kam ein Tag, der die Mutter in heillosen Schrecken versetzte und der den Totenvogel wieder in Erinnerung brachte. Schreiend und völlig aufgelöst kam Frau Steglitz an einem Vormittag zu mir und berichtete mir von Weinkrämpfen geschüttelt das Folgende: »Ein Zahn, ein Zahn ist über Nacht gewachsen. Alexander hat mit sieben Wochen ganz plötzlich einen langen Zahn bekommen. Das Käuzchen hat doch nicht umsonst geschrien.« Wieder sollte das Käuzchen an allem Schuld sein, jener Vogel, der so viel Unruhe verursacht hatte. Ich wollte Frau Steglitz trösten und ihr sagen, dass es diese Besonderheit gelegentlich geben konnte und es zur Besorgnis keinerlei Anlass gäbe, doch da war sie schon wieder fort. Sie lief die Straße herauf und hinunter, schreiend, weinend und berichtete allen Leuten, ob sie es hören wollten oder nicht, was geschehen war. Die einen lachten leise über die völlig hysterische Frau, andere nahmen diese Nachricht mit ernster Miene und viel Mitleid für die verzweifelte Mutter auf. Nach irgendeiner alten Überlieferung hatte diese Anomalie den Tod des Kindes zur Folge. Ich besuchte Frau Steglitz kurz darauf, um doch den Versuch zu machen, ihr die absurde Idee vom Totenvogel und dem unerwünschten Zahn auszureden. »In ein paar Tagen«, sagte ich zu ihr, »wird dieses Gebilde herausfallen und Ihre Sorge wird sich als völlig unbegründet herausstellen.«

Jahre vergingen, und der kleine Alexander stapfte mit seinen schon recht kräftigen Beinchen in das dritte Lebensjahr. Von dem frühen Zahn, der natürlich problemlos herausgefallen war, war nicht mehr die Rede, und die Mutter hatte ihre Seelenruhe längst wiedergefunden. Alle Ängste um dieses Kind schienen über seinem guten Gedeihen vergessen. Die freudestrahlende Mutter mit ihrem lebhaften Buben an der Hand begegnete mir des Öfteren, und ich konnte über sein Größerwerden und sein immer freundliches Lächeln nur staunen. Wie sehr gönnte ich dieser Familie nach so viel Aufregung dieses Glück!

Es wurde Herbst. Mit grauen Nebeln und Kälte kamen die späten Tage des Jahres, eine Grippewelle jagte die nächste und viele Menschen, besonders Kinder, wurden krank. Alte, bewährte Hausmittel wie Kräutertinkturen und Wickel wurden zur Behebung der Krankheiten mit mehr oder weniger Erfolg eingesetzt, und ärztliche Hilfe war in nicht wenigen Fällen notwendig geworden. Auch Alexander erkrankte. Seine Mutter war in höchster Sorge und saß Tag und Nacht an seinem Bett, obwohl der leichte Temperaturanstieg eigentlich keine bedrohliche Form der Krankheit anzeigte. Irgendwann fand zwar auch diese Grippewelle ihr Ende, und man atmete auf.

Dennoch war ein Todesopfer zu beklagen. Alexander, das Wunschkind, hatte nicht überlebt. Trotz aller ärztlicher Bemühungen wurde sein Leben durch die Grippe viel zu früh beendet. Es wäre müßig, das Leid, die Trauer um den Verlust des so sehr geliebten Kindes zu beschreiben. Wann eine psychiatrische Behandlung der Mutter unvermeidbar werden würde, schien nur noch eine Frage der Zeit. Sie nahm ihre Umwelt kaum noch wahr. Ihre Pflichten als Hausfrau interessierten sie nicht mehr. Meist saß sie vor dem Kinderbett und weinte und weinte.

Dann kam ein Sonntag. Es war halb ein Uhr mittags. Die Stunde und der Tag, an dem Alexander geboren worden war, als mich Frau Steglitz zu sich einlud. Es schien mir ein kleiner Silberstreif am Horizont, dass sie diese Einladung aussprach. Sie wollte der seelischen Not ihres Herzens im Gespräch mit mir Luft machen, um wieder atmen zu können, wie sie sagte. Denn schließlich hatte sie mit ihrem untröstlichen Kummer nicht nur sich selbst belastet. Auch ihr Mann litt unter dem Tod des Kindes, doch das Verhalten seiner Frau war für ihn fast ebenso schwer zu ertragen.

Unser Gespräch ging, wie sollte es anders sein, um Alexander. »Ärzte und Heilpraktiker bemühten sich um mich, aber meine Ungeduld wurde immer größer, mein Drängen immer intensiver und meine Wege zu ihnen immer länger. Mit einer unbändigen Freude erwartete ich dann dieses Kind, meinen Sonnenschein ... bis das Käuzchen schrie.« Eine längere Pause entstand, in der wir unseren eigenen Gedanken nachhingen.

Dann sagte Frau Steglitz in die Stille des Raumes hinein: »Heute weiß ich, dass ich dieses Kind erzwungen habe. Es war nicht gut, dass ich erkämpfte, was mir nicht gehören sollte. Durch Alexander erlebte ich höchstes Glück, aber auch tiefstes Leid.« Frau Steglitz plagten offenbar Schuldgefühle, die nicht leicht zu verstehen waren: »Ich will kein Kind mehr. Alexander soll mein einziger bleiben, für ihn gibt es keinen Ersatz«, war sie überzeugt. Kurz darauf brachte sie mich zur Tür und wir verabschiedeten uns.

Aber manchmal kommt eben doch alles anders, als man glaubt. Nach einigen Jahren wurde die Lücke, die Alexander hinterlassen hatte, durch ein kleines Mädchen ausgefüllt. Ohne ärztliche oder heilpraktische Nachhilfe hatte sich dieses Kind angemeldet und kam ohne Schwierigkeiten zum Leben.

Es war ein Freudentag, auch für mich, als ich es der Mutter, gesund und schön übergeben konnte. »Dieses Mal schrie kein Käuzchen«, meinte die Mutter, »und Philomena ist tot. Dieses Kind wird am Leben bleiben, ich weiß es ganz sicher.« Der kleinen Melanie ist es gelungen, was kein Arzt zustande brachte, nämlich ihre Mutter wieder zum Lachen zu bringen. Den Ausspruch der alten Kramer-Leni machte mich nachdenklich: »Ja, ja«, meinte sie, »man soll der Natur net so viel dreinpfuschen, und erzwingen soll man erst recht nix. Es kommt eh alles so, wie es kommen muss.«

## *Die Hebamme ist schuld*

»Sollst gleich zur Kunigund kommen«, kam ein Anruf um Mitternacht. »Die schreit und schimpft, dass die Wände wackeln. Ich denk, bei der ist es so weit«, erklärte mir eine Wohnungsnachbarin. Also begab ich mich in die Dachwohnung des Miethauses, hinauf in den vierten Stock, in dem die Kunigunde wohnen sollte. Ich fand sie hier auch zusammen mit ihrem Mann, der mir gleich erklärte: »Ich bin eh schon ganz erledigt, weil die Kuni so viel schreit und mich andauernd schimpft. Was soll ich denn machen?«, fragte mich der verstörte Ehemann, ein recht einfältiger Mann.

»Nix«, beantwortete seine Frau die Frage, »hinhocken sollst dich.« Er tat wie befohlen und nahm sichtlich gehemmt auf einem Stuhl Platz. Während er sich ruhig verhielt, schrie und tobte Kunigunde, weil sie von ihm, dem Felix, keine Hilfe erwarten konnte. »Um dir zu helfen, bin ja ich gekommen, und mit deinem Geschrei ist niemandem gedient«, erklärte ich ihr. »Felix wird mir zur Hand gehen.«

»Mit dem Deppen wirst kei Freud net haben«, meinte sie abschließend, um gleich wieder in ihr Geschrei auszubrechen.

Es wurde eine anstrengende Nacht. Kunigundes Verhalten war geradezu nervtötend. Ihr Stampfen auf den Fußboden, das Trommeln an die Wände, das Herumschreien mit ihrem Ehemann war nach den vielen Stunden des Wartens unerträglich geworden. »Du kannst mir a net helfen, ich möcht wissen, warum du da bist«, wandte sie sich an mich.

»Ich kann ja wieder gehen, wenn du meinst, dass du mich nicht brauchst«, erwiderte ich.

»Felix, sag ihr, dass sie dableiben soll«, befahl sie zerknirscht ihrem Ehemann.

»Weilst dich auch so anstellst«, war Felix' Antwort. Er hatte die Situation durchaus verstanden.

»Geh, sei doch du still«, wies sie ihn zurecht, »und schau net so dumm.«

Das war eine Situation, der man am liebsten hätte entfliehen wollen, wenn dies möglich gewesen wäre. Doch es gab keine Flucht vor diesen zwei merkwürdigen Menschen, bis alles zu Ende war und für Mutter und Kind keine Gefahr mehr bestand. Stunde um Stunde verging. Es wurde Morgen. Irgendwo läutete von einem Kirchturm die Glocke, der neue Tag hatte begonnen. Es wurde geschäftig laut, die Menschen eilten an ihre Arbeitsplätze wie an jedem Wochentag. Oben in der Dachwohnung war es dagegen ruhig geworden. Kunigunde hatte sich nach langem Gerangel doch noch in ihr Geschick ergeben. Zurück blieben aus den vergangenen Stunden zwei zertrümmerte Tassen, ein zerfetzter Wandkalender und meine zerkratzten Arme und Hände. Eine turbulente Nacht war zu Ende, aber auch die Geburt dieses Kindes hatte ihr Ende gefunden. Ein kleines, körperlich und geistig schwaches Mädchen mit einem Klumpfüßchen wurde in diese Familie hineingeboren. Die körperliche Missbildung des Kindes würde man korrigieren können, doch mit der geistigen Behinderung würde es ein Leben lang zurechtkommen müssen.

Kunigundes zweites Kind, Stefan, kam schon elf Monate später mit den gleichen anstrengenden Begleiterscheinungen zum Leben. Auch er würde mit einer Geistesschwäche und der Behinderung eines kürzeren Beines leben müssen.

Der Kindersegen war in dieser Familie noch nicht zu Ende. Nach weiteren zehneinhalb Monaten kam Monika als drittes Kind, dieses Mal im Krankenhaus, zum Leben. Es war ein Kind mit schwerem Down-Syndrom – Mongolismus wie man damals sagte –, dem ein Ohrläppchen fehlte, das keinen Lebenswillen zeigte und erst unter Sauerstoff und längerer Reanimierung allein atmen konnte.

Es war traurig zu sehen, dass alle Kinder dieser Familie behindert geboren worden waren. Lange betrachtete ich dieses kleine Mädchen, dem meine Hände vermutlich zu einem zweiten Leben verholfen hatten. Solche Fälle belasteten mich immer sehr. Kunigunde schien die Schwere der Behinderung des Kindes nicht zu erfassen. Sie nahm es an sich, drückte und hielt es, wie es in ihrem Schutzbedürfnis alle Mütter tun.

Nach einem zweiwöchigen Klinikaufenthalt kam die kleine Monika nach Hause zu ihren Eltern. Doch leider war dem schwer behinderten Kind nur ein kurzes Leben bestimmt. Im Alter von sechs Wochen starb es. Für mich begannen damit Probleme, die ich nicht leicht verkraftete und mir auch die Härte meines Berufes deutlich machten.

Der Weg zum Zahnarzt ist auch bei herrlichstem Sommerwetter kein erfreulicher Gang und ein übervolles Wartezimmer kein Grund zu guter Laune. Doch was bleibt einem übrig. Ich wartete also geduldig, bis ich an der Reihe war, als sich in das ohnehin schon volle Wartezimmer eine weitere Patientin drängte, die unbedingt Vortritt haben wollte. Mit einem Tuch, das am oberen Teil des Kopfes zusammengeknotet war, demonstrierte sie starke Zahnschmerzen, die sie nach ihrer Meinung wohl berechtigten, vor allen anderen in das Sprechzimmer vorgelassen zu werden. Niemand hatte Einwände, der von Zahnschmerzen derart Geplagten den Vortritt zu geben. Plötzlich sah eben diese Frau mich in der Reihe der Wartenden sitzen. Und erst jetzt erkannte ich Kunigunde, deren Kindern ich auf die Welt geholfen und die mir – weiß Gott – das Leben damals schwer gemacht hatte.

Mit einem Gruß wollte ich zu ihr gehen, als sie schon wild gestikulierend auf mich zukam, wobei sich ihr Zahntuch löste und zu Boden fiel. Kunigundes Zahnschmerzen schienen sich in nichts aufgelöst zu haben. Ganz nah stand sie nun vor mir, und mit ihrer schrillen Stimme, die ich sehr gut kannte, beschimpfte sie mich vor den erstaunten anderen Patienten. Dabei war sie in ihrer Ausdrucksweise nicht wählerisch. Ihre Augen funkelten böse, als sie mich vor allen Leuten demütigte. »Die da«, dabei zeigte sie auf mich, »ist schuld, dass mein Kind gestorben is. Mit sechs Wochen is es gestorben und sie is schuldig, dass es mongolisch zur Welt kommen is. Nur die da is schuld«, dabei deutete sie, um ihren Worten Nachdruck zu verleihen, mit zitternden Handbewegungen auf mich. »An Lungenentzündung is es gestorben, haben die Doktern gsagt, aber des is gar net wahr. Mein Kind war mongolisch und des hab ich der da zu verdanken, dem Luder, und deswegen is es a gestorben.« Es folgten Schimpfwörter und Ausdrücke, die ich nicht wiedergeben möchte, die aber die entsetzten Wartenden mit anhören mussten.

Einer der Männer unterbrach Kunigundes Redeschwall und stellte richtig: »Ihr Kind war mongoloid, und des war's von Haus aus, Sie verwechseln die Begriffe.« Ein junger Mann meldete sich ebenfalls zu Wort: »Schleich dich, hast eh kein Zahnweh mehr, wennst so schreien kannst. Der Platz da herin wird sowieso zu eng.« Ich konnte kein Wort zu meiner Verteidigung, zur Richtigstellung der Sachlage herausbringen. Meine Kehle war wie zugeschnürt. Ich spürte nur, wie mir Tränen über die Nase liefen. Kunigundes wirres, zusammenhangloses, verleumderisches Gerede, das ihrem niedrigen geistigen Niveau entsprach, hatte mich tief getroffen. Meinen Heimweg nahm ich kaum wahr. Ich weiß nur noch, dass ich an diesem Tag zu keiner Arbeit mehr fähig war vor lauter Verbitterung, Verärgerung und Verletzung.

Dennoch tat es mir sehr Leid, als ich viel später erfuhr, dass auch die beiden anderen Kinder von Kunigunde und Felix gestorben waren. Ein tragisches Schicksal für beide Eltern, an dem die Mutter, wenig belastbar, zerbrechen musste. Ein langer Aufenthalt in der Psychiatrie war die Folge dieser schrecklichen Ereignisse. Trotz der damaligen Beschimpfungen hatte ich echtes Mitleid mit Kunigunde, die ein wirklich hartes Schicksal getroffen hatte.

## *Die Stiefmutter*

Das große kupferne Schild über dem großen Tor der Schmiede mit dem Namen des Besitzers Innozenz Lampe, Schmiedemeister, war weithin sichtbar. Ein gut gehendes Geschäft hatte der Schmied, wenn man die verschiedenen landwirtschaftlichen Geräte betrachtete, die zur Reparatur oder zur Abholung in und um sein Haus herum bereit standen. Auf seinem Amboss bearbeitete er Hufeisen und sorgte dafür, dass die Pflugblätter die nötige Schärfe bekamen, reparierte Kuhketten, fertigte Tür- und Torkegel und machte marode Traktoren wieder einsatzfähig. In früheren Zeiten, das dürfte nur noch älteren Leuten bekannt sein, zogen die Hufschmiede, wichtige, vielseitige Leute, auch menschliche Zähne, wenn der Schmerz unerträglich wurde, und der Preis von fünfzig Pfennig für einen gezogenen Zahn war sehr kulant, wenn man bedachte, dass der Bader immerhin eine Mark dafür forderte. Aber meist geschah dieser – naturgemäß äußerst schmerzhafte – Liebesdienst unentgeltlich in nachbarlicher Hilfe.

Der Lampe-Schmied, von großer kräftiger Statur, war hart wie seine Arbeit. Seine Frau, zart und feinfühlig, musste manchen Puffer von ihm vertragen, verstand es aber auch, zurückzupuffen, wenn er in seiner Grobheit wieder einmal das Maß überschritten hatte. Sie tat dies ohne Geschrei auf ihre stille, sensible Art mit Worten, die ihn an der richtigen Stelle erreichten. So meisterte dieses ungleiche Paar sein Leben mit den vier Kindern recht gut, auch wenn die Mutter ihrem robusten Mann immer wieder den Wind aus den Segeln nehmen, ihn in seine Grenzen weisen musste. So war sie die eigentlich Dominierende, die mit ihren schmalen, aber kräftigen Händen alles zusammenhielt.

Die Geburten ihrer vier Kinder hatten ihre Kräfte erheblich geschmälert, und nach dem letzten Kind klagte sie über eine anhaltende Müdigkeit und unbestimmte Schwäche, die sie bisher nicht gekannt hatte. Die Arbeit im Haus und mit den Kindern wäre ihr zur Schwerstarbeit geworden, die sie kaum mehr leisten könnte, sagte sie mir. Der Schmied, ständig in Arbeit, übersah, dass seine Frau immer blasser, immer dünner wurde, bis ich ihn einmal auf den gesundheitlichen Zustand seiner Martina aufmerksam machte und ihm erklärte, dass sie in ärztliche Hände gehörte und dass sie ein fünftes Kind mit Sicherheit nicht mehr verkraften würde. Für Martina folgte nun eine Zeit des Hinlegens und Wiederaufstehens, ein sich Aufbäumen gegen das Kommende, das die Schmiedin wohl erahnte. Der Schmied selber war in höchster Sorge, alarmierte Ärzte und erbat von ihnen die besten Medikamente, die seiner Frau wieder auf die Beine helfen sollten. Doch jede Hilfe kam zu spät. Der kleine Maxi war gerade ein Jahr alt geworden, als das kranke, überbeanspruchte Herz seiner Mutter zu schlagen aufhörte. Man war stumm vor Schmerz. Eine Mutter ließ vier Halbwaisen im Alter von sieben bis einem Jahr zurück. Wer sollte das verstehen. Ein so großer Schmerz musste nun von der Familie ertragen werden. Es war so unfassbar, so unglaublich, so unbegreiflich, es schien keine Erklärung zu geben und keinen Trost. Wie sollte das Leben ohne Mutter nun weitergehen?

Einige Jahre waren vergangen. An einem Tag vor Weihnachten wurde ich wieder in die Schmiede geholt. Babette, die zweite Frau vom Lampe-Schmied, erwartete heute ihr erstes Kind, das fünfte in dieser Familie. Babette, eine gute, treue Seele, die ich schon lange kannte, hatte sich der Kinder erbarmt und ihn, den Schmied, den Grobian, wie sie mir sagte, aus Barmherzigkeit und um der Kinder willen geheiratet.

Sie war aus anderem Holz geschnitzt als ihre Vorgängerin Martina. Robust im Äußeren und stark im Innern hatte sie mit der Mentalität ihres Mannes keine Schwierigkeiten. Sie puffte ordentlich zurück, wenn sie es für nötig hielt. Sie besaß vor allem aber die Gabe, Kinderseelen mit ihrer herzlichen, mütterlichen Art zu gewinnen. Die Kinder erkannten sie bald als ihre Mutter an und machten sie damit sehr glücklich. »Des war kein Kunststück«, sagte sie, als ich sie auf ihren Erfolg, die Liebe der Kinder in so kurzer Zeit zu gewinnen, ansprach. »Die vier waren ja fast verwildert. Sie waren sich selbst überlassen, hatten keine rechte Ordnung, keine Ansprache von Erwachsenen.« Sie waren so arm, und der Vater war durch den Tod seiner Frau sehr wortkarg geworden, er war zu überfordert, um den Kindern die nötige Aufmerksamkeit zu geben. Mehrere Haushaltshilfen hielten es nicht länger als eine Woche aus bei diesem mürrischen Schmied, der das Reden verlernt hatte. Mit Babette waren nun die vier Waisen wieder in geordnete Verhältnisse gekommen, sie waren mehr als zufrieden mit sich und ihrem Leben, was sie vor allem Babette, ihrer Stiefmutter, zu verdanken hatten.

Dass die Leute am Schicksal des Lampe-Schmieds vorrangig seiner Kinder wegen Anteil nahmen, war allzu verständlich. Ein Glück, so sagten die einen, dass er eine Frau gefunden hat, die wieder Ordnung in sein Haus brachte, und dass die Kinder wieder eine Mutter haben, die für sie sorgt, denn die vier sind eh schon halb verwildert und verwahrlost. Doch die Meinungen gingen auseinander. Nicht alle glaubten an eine gute Wendung in der Schmiede. »Ja«, so hieß es, »da die Kinder jetzt eine Stiefmutter haben, werden sie wahrscheinlich nix mehr zum Lachen haben. Man weiß ja, was bei einer zweiten Mutter auf die Kinder zukommt, und wenn erst einmal ein eigenes da ist, da kann man sich ja denken, wie es dann werden wird. Die armen Kinder. Das eigene wird bevorzugt und die anderen, na ja, das sind dann halt die Stiefkinder. Warum hat aber auch die arme Schmiedin so früh sterben müssen.« Das Für und Wider über die Entwicklung in der Schmied-Familie wollte kein Ende nehmen. Das Thema hatte noch an Unterhaltungswert zugenommen, als man erfahren hatte, dass nun das erste Kind der Stiefmutter dazukommen sollte.

Es war Nacht, als ich in die Schmiede geholt wurde. Ein günstiger Zeitpunkt, um ungesehen in das Haus zu kommen, denn im anderen Fall hätte das Gerede der Nachbarn wieder neue Nahrung bekommen. »Ich spür's schon den ganzen Tag«, empfing mich Babette. »Aber jetzt bin ich froh, dass du da bist. Meinst, dass es noch lang dauert?« Eine Frage, die mir immer wieder gestellt wurde und die häufig nicht so einfach zu beantworten war. Doch bei Babette sah ich, dass sich die Geburt im fortgeschrittenen Stadium befand.

Der Schmied, trotz seiner Härte ein fürsorglicher Ehemann, strich seiner Babette mit seiner groben Hand übers Haar mit einer Zärtlichkeit, die man diesem robusten Mann gar nicht zugetraut hätte. In seinem Gesicht sah ich die Angst und Sorge, die die kommenden Stunden für ihn bringen würden. »Ich weiß, wir können uns auf dich verlassen«, glaubte er mir versichern zu müssen. Das war alles, was es zu sagen gab. Von langen Reden hielt der Schmied nichts, am liebsten schwieg er seit dem Tod seiner Martina. Die Geburt seines Kindes wollte er nicht miterleben, er zog es vor, so wie bei allen andern Kindern in der Stube oder drüben in der Schmiede neben seinem Amboss sitzend das Geschehen abzuwarten. Ich kannte diese Eigenheit und akzeptierte seinen Rückzug, denn ich wusste, dass die Gemütsverfassung dieses äußerlich so vierschrötigen, kräftigen Mannes die schmerzhaften Stunden seiner Frau nicht ertragen konnte.

Mehrere Stunden warteten wir auf die Geburt dieses Kindes. Babette war still und geduldig in ihren Wehen. Als die Kirchturmuhr die dritte Morgenstunde schlug, war es da, das kleine Josefinchen, liebevoll und mit Freuden als fünftes Kind in dieser Familie aufgenommen. »Der Innozenz lässt sich aber gar nimmer sehen«, beschwerte sich Babette, »wo er doch am Anfang öfter einmal reingeschaut hat.«

»Ich werd ihn holen«, beruhigte ich sie. »Er möchte halt mit seinen Gedanken allein sein.« In der Schmiede fand ich ihn und überbrachte ihm die gute Nachricht. »Vergelt's Gott, dass sie leben, die zwei. Es sind allerweil schwere Stunden, net für die Frau allein«, sinnierte der Schmied. »Fünf Ross beschlagen is net so anstrengend wie die Warterei, bei der man allerweil Angst haben muss.« Der Schmied hatte nach der guten Nachricht nun das Bedürfnis zu sprechen. Der ganze Ballast, der auf seiner Seele lag, war von ihm abgefallen. In diesem Augenblick schien er mir ohne Härte zu sein, ein angenehmer, besorgter, sympathischer Mann, der ein gutes Wesen besaß.

Babette war ihren fünf Kindern eine liebevolle Mutter. Es war mir immer eine besondere Freude, wenn ich die innige Beziehung zwischen ihr und den Kleinen erleben durfte. »Na, Ausnahm wird keine gemacht bei mir. Mir sind sie alle gleich«, war ihre unumstößliche Meinung. Wenn man das Miteinander dieser Mutter mit ihren Kindern sah, wusste man, Babette sprach die Wahrheit.

Mehrere Jahre vergingen. Babette ging in ihren Verpflichtungen vor allem den Kindern gegenüber auf. Der große Haushalt erforderte Umsicht, vollen Einsatz und bedeutete viel Arbeit. Durch ihre robuste Gesundheit, so sagte sie mir, schaffte sie das ohne besondere Anstrengung und fremde Hilfe. Obwohl sie sich dem Ende der Dreißiger näherte, erwartete Babette ein zweites Kind. Es war nicht unbedingt erwünscht, aber klar angenommen, erklärte sie mir. »Unsere Kinder werden schon so groß, ich habe ein wenig Probleme mit dieser späten Schwangerschaft. Unser Ältester ist schon auf dem Gymnasium, und auch die anderen wachsen heran, so dass ich mit der Freude auf dieses Kind eher zurückhaltend bin. Was wohl die anderen fünf sagen werden?« Doch wider Erwarten reagierten alle Kinder mit überschwänglicher Freude auf diese Nachricht.

Es war ein heißer Sonntag im August, als Babettes zweites Kind sich anschickte, den Weg in sein Leben zu beginnen. Ein sechstes Kind wollte in der Familie beim Schmied in Gamsting aufgenommen werden. Doch der Weg in sein Leben war nicht so geebnet wie bei seinen Geschwistern. Ich sah Schwierigkeiten. Bei einer so ungewöhnlichen Lage musste die Geburt wohl operativ beendet werden. Ein längerer Krankenhausaufenthalt würde die Folge sein. Die Mutter nahm diese Nachricht gefasst entgegen, während der Schmied, wortlos mit den Tränen kämpfend, kopfnickend sein Einverständnis zu einem Kaiserschnitt gab.

Es müssen schwere Stunden für den Schmied und seine Kinder gewesen sein in der Zeit des Wartens, der Unruhe, der Angst um die Frau und Mutter, die zum Mittelpunkt ihrer aller Leben geworden war. Ein zweites Mal so ein Drama durchzustehen, wäre kaum zu ertragen gewesen. Das sechste Kind wurde als zweites Mädchen in diese glückliche, intakte Familie hineingeboren, und Babette schaffte auch diese schwierige Geburt dank ihrer robusten Gesundheit ohne Folgen.

Bei Schwierigkeiten oder Komplikationen im Geburtsverlauf begleiteten auch mich immer Sorgen und Ängste, oft mehr, als ich mir eingestehen wollte. Manche Bitt- und Dankgebete schickte ich in meinen Nöten zum Himmel, und wenn ich heute zurückschaue, glaube ich, dass sie nie umsonst gewesen waren. Kein Außenstehender wird die Ängste, wie sie einen in so schwierigen Situationen befallen, erfassen können. Und besonders schwere Sorgen bereiteten mir immer Menschen, die ich lange und gut kannte und deren Geschick mir sehr am Herzen lag.

Den Kindsvater traf ich nicht zu Hause an, als ich ihn vom guten Verlauf der Geburt benachrichtigen wollte. Endlich fand ich ihn oben in der einsamen Kapelle am Waldrand. Langsam hob er seinen Kopf und sah mich stumm und fragend an. Nun erst sah ich, dass dieser große, robuste Mann, den scheinbar nichts und niemand umwerfen konnte, geweint hatte. »Es ist ein Mädchen«, sagte ich, »und beide sind gesund.« Ich sprach leise, um die Stille, die Ruhe dieses geweihten Raumes nicht zu stören. Nun erst stand er auf, nahm meine Hand und schüttelte sie so kräftig, dass mir Hören und Sehen verging und ich noch tagelang diesen schmerzhaften Händedruck spüren sollte, der mehr aussagte, als Worte es je gekonnt hätten.

Mit der kleinen Maria war in der Schmiede der Kindersegen beendet. Babette war sechs Kindern eine überaus gute Mutter geworden. Das Lied von der bösen Stiefmutter strafte sie Lügen. Wie viel Leid mag dieses Vorurteil schon in Kinderherzen gebracht und auch so mancher Mutter das Leben verbittert haben. Wie viele junge Frauen wurden dadurch schon abgehalten, sich verwaister Kinder anzunehmen. Babette hatte es gewagt. Ihr guter Wille, ihre Opferbereitschaft und ihre Zuversicht hatten sich tausend Mal gelohnt. Die Kinder dankten es ihr mit Liebe, mit Anhänglichkeit, mit uneingeschränktem Vertrauen. Babette ist als Stiefmutter glücklich geworden und hat dieses Glück an ihre Kinder weitergegeben.

Bevor ich dieses Buch beende, möchte ich das Schicksal jener Kinder ansprechen, die als nichtehelich Geborene in eine Ehe, in eine Partnerschaft eingebracht wurden, denen das Leid, das ihnen häufig zugefügt wurde, in den Augen stand. Nicht selten erlebte ich diese Kinder als eingeschüchtert und gehemmt. Teilweise trugen sie sogar Zeichen von Gewalt an ihren Körpern. Ich sah es immer als Drama, wenn Mütter zu den so genannten Erziehungsmaßnahmen ihrer Partner schwiegen aus Angst, aus Unsicherheit, aus Abgestumpftheit. Das Schicksal dieser Kinder berührte mich immer tief. Es stellte mich immer vor die Frage, wie ein solches Problem zu lösen wäre, wie den Kindern ein Zuhause mit Wärme und Geborgenheit gegeben werden konnte. Ein Kind hat ja noch keine Ahnung, welche Rolle es im Leben der gemischten Gefühle spielen wird. Mit wenigen Monaten schon ist es dem Menschen zugetan, der es anlacht. Es liebt die Wärme der Arme, die es umfangen, die vertrauten Stimmen, den Tonfall, der ihm zugewandt ist. Familie sind für das Kind die Menschen, die ihm Geborgenheit geben. Ein Kinderheim als eine zweite, eine andere Möglichkeit kann die Voraussetzungen zu einem guten, vor allem seelisch guten Gedeihen der Kinder nie ganz erfüllen. Sollten wir uns nicht alle fragen, was man tun kann, um diesen wehrlosen Geschöpfen eine echte Heimat zu geben?

## *Nachwort*

Meine interessierten Leserinnen und Leser haben mit mir die Jahrzehnte meines Berufslebens als Landhebamme durchwandert. Geschrieben habe ich meine Bücher für alle, die sie lesen mögen, für Alt und Jung, aber auch für alle, die mir nahe stehen. Das Schreiben hat mir große Freude, aber auch Mühe gemacht, so zu formulieren, dass alles mit Genuss zu lesen ist. Wenn auch die Zeichen des Alters, der Mühen und Plagen an mir zu sehen sind, so bleibt das große Glück, dass ein wacher Geist mich an allen schönen Dingen Freude haben lässt und dass ich das tägliche Erwachen als kostbares Geschenk erlebe. Ich blicke mit Dankbarkeit zurück auf mein Leben, auf viertausend Kinder, denen ich zum Leben verholfen habe, an deren Schicksal ich immer teilgenommen habe und auch heute noch teilnehme, denke gern an die vielen Mütter, mit denen ich auch heute noch, nach Jahrzehnten, eng verbunden bin. Die trüben Erfahrungen meines Berufes suche ich zu vergessen. Nur die schönen, erfreulichen Dinge möchte ich wach halten, die ich durch diesen schönen, wunderbaren Beruf erleben durfte.